季刊「子どもと健康」臨時増刊

ADHD
LD
自閉
多動
ってなあに?

ADHD、LD、自閉、多動ってなあに？　目次

第1部

「落ち着きのない子」は病気か？　東京大学医学部小児科　榊原 洋一　4

ADHDは子ども理解の入口――子どもの問題は大人自身の不安の投影　横浜市立大学医学部附属病院　竹内 直樹　12

他人からの手助けを少し多く必要としているだけ　千葉大学教育学部養護教育学　杉田 克生　20
旭出養護学校　養護教諭　池田 花恵

苦手な面を少しずつ改善していけるように支援したい　司馬クリニック院長　司馬 理英子　26

[ADHD診断基準]　31

自閉、多動が目立つようになってきた背景とメンタルモデル　東京大学医学部小児科　榊原 洋一　32

LDのある子どもの理解と対応――学校と家庭に求められること　筑波大学心身障害学系　宮本 信也　40

LDの理解と支援――"特殊教育"から個に応じた"特別支援教育"へ　愛媛大学教育学部　花 熊　曉　49

特別な配慮が必要な子どもたち――二次的な障害を防ぐために　千葉大学教育学部養護教育学　杉田 克生　58
同研究室　田 上　恵

障害と教育が連携するために――ADHD、LD、高機能自閉症について　横浜市立大学医学部附属病院　竹内 直樹　66

LD親の会から●――
ニーズに応じた特別支援教育に望むこと　全国LD（学習障害）親の会事務局長　山 岡　修　74

第2部

脳のしくみと心の不思議　聖隷クリストファー大学看護学部生理学研究室　鮫島 道和　88

子どもと「社会力」　筑波大学教育学系　門脇 厚司　100

第3部

養護教諭として「ADHD」とどう向きあうか　横須賀市立田浦中学校　養護教諭　松浦 和代　110

養護教諭として「LD、自閉、多動」とどう向きあうか　横浜市立高田東小学校　養護教諭　鈴木 裕子　113

Case Study

❶ 求められる適切な指導・支援　山梨県甲府市立北東中学校　養護教諭　志賀 恵子　117
❷ 地域社会の支援を考える　本誌編集委員　加藤 治子　121
❸ 支援員の先生との二人三脚　静岡県A小学校　教諭　山野 由梨花　124
❹ たくさんの個性をつなげていきたい　神奈川県横須賀市　共に歩む会代表　北澤 光子　127

学校教育の現場でどうとらえるか　日教組中央執行委員　田中 禎憲　130

（写真は本文とは関係ありません）

第1部

「落ち着きのない子」は病気か？

榊原 洋一
Sakakihara Youichi

東京大学医学部小児科
発達神経学、神経生化学を専攻し、小児科医として発達障害児の医療に携わる。著書に『ヒトの発達とは何か』（筑摩書房）、『オムツをしたサル』（講談社）、『集中できない子どもたち』（小学館）、『「多動性障害」児』『アスペルガー症候群と学習障害』（ともに講談社+α新書）など。

はじめに

「日本の子どもは世界で一番健康な子どもたちである」。

読者の皆さんは、この冒頭の文章を見てどのように思われるだろうか？

「その通り」と胸をはって答えられる方も多いだろう。なにしろ日本の乳児死亡率や五歳以下の死亡率は、二〇〇近い世界の国々のなかで一番低いのだから、と。

でも多くの読者は、「統計的にはそうかもしれないけれど、健康の質から見たらどうだろうか？」と首をかしげられるのではないだろうか？

筆者も小児科医として、世界一乳児死亡や幼児死亡が低いことを誇りたい気持ちがある。でも子どもの健康の質を考えると、本当に胸をはって喜んでいていいのか、とときどき疑問に思う。小児科医同士が集まる学会などでも、専門の医学的知識についての会話に混じって、「最近の子どもたちは身体は健康かも知れないけれど、心の問題が増えているのではないか」といったことが頻繁に語られるようになった。

ある大学の小児科医局に招かれて、小児の発達というテーマで話をさせてもらったことがある。

話が終わった後、質問の時間になったとき、私を招いてくれた教室主任教授がまっ先に私に発した質問は、「先生、最近の子どもがキレやすくなったということは、子どもの発達の観点から見るとどのように説明できるのですか」というものだった。

マスコミによって誇張された面があるのは確かとはいえ、保育や教育現場にいる方々からよせられるのは、やはり最近の子どもは大きな心の問題を抱えている、という感想である。

教育の現場で起こっているさまざまな問題を列挙すれば、イジメ、校内暴力、不登校、学力低下、そして今回のテーマであるADHDなど枚挙に暇がない。かつては問題にならなかったこうした子どもたちの問題にまつわる疑問は、今のところほとんど解明されていない。

子どもたちを取り巻く社会に原因があるのか、それとも子どもたち自身に変化が表われたのか？　こうした問題は増えているのか（実感としてはそうだ）、それともただ顕在化（カミングアウト）しただけなのか？

1　ＡＨＤＨとは何か？

子どもは大人に比べて、落ち着きがなく一つのことに集中しにくい性向をもっている。これは子どもがまだ未経験の世界の人やもののあり方を理解し、記憶していくうえで必要な行動様式である。

高等哺乳動物は、親から母乳をもらって育たなくてはならない。母乳をもらいながら、親から生きてゆくための知識を学んでいく。人の乳児も例外ではない。乳児にとってこの世の中で見聞きすることはすべて、まったく初めてのことばかりである。

人の乳児が親の庇護のもとに生活する時間は、動物のなかでも格段に長いほうだが、それでも経験し覚えなくてはならないことは、あまりにも多すぎる。子どもはいろいろなものを見たり触ったりしながら、世の中の仕組みを身につけてゆくのである。

子どもが、興味を物から物、あるいは人から人へ移していかなければ、世界を学習する効率は低下してしまう。しかし人の乳児は、飽くなき好奇心でこの世の中の物や事を体験していく。生後四ヵ月くらいになり、やっと手を前方に出せるようになると、しきりに眼に映ったものに手をのばして触り、つかんで口にもってくるという行動を起こす。

眠っていたり、泣いていたり、あるいはミルクを飲んでいる時間以外は、乳児はさかんにまわりを見回し、目の前にある物にはまさに手当りしだいに手をのばして口にもっていく行動を起こす。

大人から見れば一見遊んでいるように見えるこうした「探究行動」を通じて、乳児はこの世の中のことを学んでいくのである。この好奇心こそが、人間という動物が大昔から気候変化などのさまざまな窮地を生き延び、現在まで生きてきた原動力なのである。

子どもの気移りのしやすさ、一つのことへの集中時間の短さは、貯えられた経験、知識の量が増えるにしたがってしだいに改善してくる。ところがこうした子どもに特徴的に見られる気質が、幼児期より際立って強く、しだいに改善してくる学童期になってもおさまらない子どもが少数ではあるが、いることが知られていた。

こうした落ち着かない子どもは、規則に縛られることのない幼児期には大きな問題にはならないが、社会の規制に従うことが要求される学童期になると一気に顕在化する。二〇世紀初頭のイギリスで、教室で動き回りなかなか席についていられない子どもの存在が注目され、そのような子どもに「多動児」という名前がつけられた。多動の原因が大脳皮質にあるだろうという推測は、一九一七年にヨーロッパとアメリカで流行した脳炎の患者が、回復後さまざまな後遺症の一つとして「多動」を示すことが報告されて以来、広く受け入れられるようになった。

一ヵ所にじっとしていられない、そわそわと落ち着かない、出し抜けに行動を起こすといった多動症状は、前述の脳炎の後遺症だけでなく、精神遅滞児や難聴児、あるいは自閉症といった発達障害児にもよく見られる行動特性である。そこで精神遅滞児における多動行動や、細かい運動の稚拙さ、あるいは学習困難などの症状をまとめて、「微細脳損傷」あるいは「微細脳障害」という名称をつけ、麻痺や不随意運動といった古典的な神経症状とは別の「ソフト」な症状として取り扱うことが提唱され、一九七〇年ころにはこういった症状をもつ子どもたちにさかんに使われるようになった。

　しかし微細脳障害は、多動、運動の稚拙さ、書字や読書、算数障害といった多彩な症状の複合であるために、「くず箱的診断」という批判があり、さらに脳における責任病巣が同定できないことなどから、しだいに使われなくなった。かわりに、書字、読書、算数障害を主症状としてもつ子どもたちは「学習障害」という概念にまとめられ、多動を主症状とする子どもたちが「多動性障害」という概念に集約されてきた。

2 子どもの3~7%がADHD!

世界中の子どもたちのなかにどのくらい「過度に落ち着きがなく、動き回る子ども」がいるのか、はっきりとした傾向が明らかになったのは、一九八〇年代以降になってからなのである。

　そんなに時間がかかったわけは、世界中の多動の子どもの研究者が使える共通の「診断の基準」がなかったからなのである。世界中の研究者が納得する診断基準をつくり上げたのは、主にアメリカの精神科、心理の研究者たちである。

　一九世紀の世界の医学を牽引したのはドイツを中心としたヨーロッパの国々である。ことにドイツで発達した病理学は、人の病気にはなんらかの病因がある、という考え（病因論）を定着させた。「多動病」の子どもたちの病因が大脳にあるらしいことは、脳炎後遺症の多動症状から推測はされていたが、多動の子どもの脳からははっきりとした病変は見つからなかった。

　ヨーロッパの伝統に縛られない実利的な考え方の強いアメリカは、二〇世紀後半から世界の医学をリードする国になったが、病因がはっきりしなくても共通の症状や検査データを組み合わせて「症候群」と呼び、その治療法や予防法を検討するという考え方を世界に広めていった。

　多動病と呼ばれていた子どもたちに見られる共通の行動パターンを、それまでの研究報告から抜き出し、それらを組み合わせて「診断」することの妥当性を、試行錯誤を繰り返しながら確認していった。アメリカ精神医学会では、頻度の高い精神疾患を網羅する診断基準を、前述の症候群の精神にのっとってつくり上げていった。そしてこのアメリカ精神医学会の診断基準の第3改訂版（DSM-Ⅲ）で一九八〇年に採用された「多動」の診断基準は、多くの世界中の研究者をほぼ満足させるものだった。

　DSM-Ⅲは、さらに一九九四年に改訂され現在はDSM-Ⅳとなっているが、世界中でADHDの診断基準として標準的に使用されている（31頁の表参照）。そしてこれの診断基準を使って、世界各地で注意欠陥多動性障害（ADHD）の子どもがどのくらいいるのか調査が行なわれたのである。

　そしてある程度予想はされていたものの、ADHDの子どもにおける頻度はきわめて高いものだった。**別表**に示したように、世界の国々からDSM-Ⅲやそれとほぼ同様のICD-Ⅸ（国際疾病分類第9版）にしたがって、主に多動症状が強い六歳から九歳くらいまでの子どもについて、その頻度が調査され報告された。そして驚いたことに、調査対象によってその頻度にバラツキはあったものの、平均して三~七%くらいの子どもが、多動の症状を示していたのだ。

子どもの五%が、多動の症状をもっているというだけでも驚きであるが、イギリスのタイラーの調査では一七%ときわめて高い数字を示している。

診断基準の内容については後で詳しく紹介するが、個々の症状の強さについての規定がないことも、この異常に高い数値の原因である。しかし一番の理由は、タイラーの調査対象となった子どもたちが、寄宿舎生活をする男子であったことだ。その後の調査で、多動症状は圧倒的に男子に多く、男児比は四対一から七対一と報告されている。

別表 「多動性障害」の頻度についての疫学調査結果

国	年度	対象年齢	頻度（%）＊		
			ADHD	ADD	PH
スウェーデン	1982	6～7	2	—	—
アメリカ	1985	9	14	2	2
中国	1985	7～14	5.8	—	—
ニュージーランド	1987	11	6.6	1	4.4
プエルトリコ	1988	4～16	9.5	—	—
カナダ	1989	4～16	6.3	1.4	0.5
イギリス	1991	6～7	17	1.5	9

＊ＡＤＨＤ：注意欠陥多動性障害　ＡＤＤ：多動をともなわない注意欠陥障害　ＰＨ：多動が主体
ＤＳＭ－Ⅳ以外の診断基準ではＡＤＨＤとＡＤＤを分けているものもあるため、このようになった。

3 ＡＤＨＤは〝病気〟？

読者の皆さんのなかには、ここまできて頭をひねっている人が多いのではないだろうか？

注意欠陥多動性「障害」と決めつけているけれど、それは病気であるということなのか？と。

典型的な病気は、通常、苦痛や不快感を伴う「自覚症状」があり、さまざまな検査において健常な人には決して見られない「異常な所見」が見られ、時には原因のある臓器に異常な病理所見が見られるものだ。肺炎などはその典型だ。説明の必要はないかもしれないが、肺炎には自覚症状として発熱や湿った頑固な咳、喀痰の排出があり、胸痛や呼吸困難がある。検査所見では血液中の白血球の増加や血沈の亢進が認められ、聴診では呼吸雑音が聴取されるし、胸のレントゲン検査では異常な影がある。肺の中には病原細菌が増殖しており、喀痰の培養検査で病原菌を同定できる。

自覚症状のない病気でも、検査上での確実な異常所見があれば診断にはさほど困らない。初期の糖尿病や高血圧、あるいは胃ガンには症状はない。しかし、これらはいずれも人の命を奪いさる可能性をもっている病気である。そしてその診断は、尿糖や血糖値の検査、血圧測定、あるいはレントゲンや胃カメラ検査で、確実な診断をつけることが可能である。

こうした身体の病気にくらべて、精神あるいは心理疾患は、かなり趣が異なるのは確かである。精神分裂症やうつ病には、本人の症状以外に診断を確定する検査法がない。しかし、その症状の多くは、明らかに健常の人には見られないものであり、症状のために社会生活上で大きな困難があるうつ病などは本人にもそのことが自覚できる。

多動性障害は、本人にはもちろん自覚症状はない。本人は往々にして、自分はどうやらいつも叱られているばかりの問題児なのだ、という低い自尊心をもっているといわれる。

しかしそれは、実際の自分の行動を直接「病的である」と感じることとはちがう。

そのうえ多動性障害には、異常検査所見はない。脳波は正常であるし、脳の画像検査である核磁気共鳴ＣＴ（ＭＲＩ）でも、後に述べるが小さな変化は認められるが、それは正常範囲の所見にある「傾向」が認められる、といった程度のものでしかない。心理テストについても同様で、ある傾向は認められてもそれが診断につながるわけではない。

結局多動性障害の決め手は、前項で紹介した診断基準を満たしているかどうか、という一点のみなのである。

そしてこれも、前項で説明したように、診断基準項目の個々の症状にはその程度が明記されていないために、同じ子どもでも誰が診断するかによって「多動性障害」と診断されたりされなかったりする可能性もあるのだ。

しかし、たとえば多動性障害の「先進国」アメリカでは、多動性障害は独立した疾患概念であると胸をはって言い切っている研究者が多いのだ。

かれらの言い分はこうだ。まず多動性障害と診断された子どもたちは、みな一様の臨床経過をとり、症状がしだいに軽症になり成人していくという点だ。診断基準にあいまいさがあるとしても、その診断基準で診断された子どもたちが同様の経過を辿るということは、多動性障害という疾患概念がきちんとしたものである証拠だというのだ。そしてかれらが主張する第二のそして最大の理由は、メチルフェニデート（リタリン）などの薬剤によって大部分の子どもの症状が軽快する、ということだ。

その原因がなんであろうと、学校や家庭での生活や人間関係に支障をきたしているその原因となっている多動性障害の症状がリタリンによって軽快する、という事実が、多動性障害が治療を要する状態であることを雄弁に物語っている、というのである。

4　ＡＤＨＤの子どもたちをどう受け止めたらいいのか

最近はＡＤＨＤの子どもの脳で何が起こっているのか、さまざまな研究が進み、いろいろなことがわかっている。しかしここで私はそのことを詳しく説明するつもりはない。

その原因や病態がどうであれ、読者の皆さんにとって重要なことは、ＡＤＨＤの子どもたちに学校は何かするべきことがあるのか、ということであろう。

中学生では頻度は減るが、小学生ではその五％が、診断基準にあてはめるとＡＤＨＤであるから、クラスに一人から二人ＡＤＨＤの子どもがいる勘定になる。症状の程度には個人差があるから、実際に学校で本人自身の自覚のありなしにかかわらず適応障害を起こしているのは、もう少し少ないかもしれない。

適応障害というあいまいな言葉を使ったが、これは本人自身の障害とクラスという場の障害の両方を含んでいる。

本人の障害とは、注意欠陥や多動あるいは衝動的行動によって、授業に集中できない、個々の課題の遂行が困難である、あるいは教材などを管理できないために課題の遂行自体ができないといった学業上の障害と、友人や教師の言うことを聞かない、教室のルールが守れないといったことによる人間関係による障害である。特に教師や友人の間で低い評価しか受けないため、自分自身に対する自己評価（self esteemの訳だが日本語でぴったりくる言葉がない）が低くなるという帰結になる。

クラスという場の障害は、ＡＤＨＤの子どもの言動によってクラスのほかの子どもと教師が経験する障害である。授業の遂行が本人の行動（席につかず歩き回る、まわりの子どもに話しかけたり、ちょっかいをだしたりする、教師の指示が通らない、教師のあたえる注意に従わない、口答えする、集団行動ができない）によって支障をきたすだけでなく、時にはほかの子どもたちの追従行動を引き出していわゆる学級崩壊の引き金になることもある。

本人の行動が引き金となって学級に機能障害が起これば、本人に対するネガティブな評価はますます強くなり、それが生徒や教師の言動となって本人に跳ねかえり、本人の自己評価はますます低くなるという悪循環が形成される。

こうした子どもに「特別な対応」をすることは一種の差別であるととらえる考え方もあるかもしれない。しかし、一人ひとりの生徒の個性を尊重し、個性に合わせた対応をするということになれば、生来独特の行動性向をもっているＡＤＨＤのような子どもに対しては、やはりその子に合わせたオーダーメイドの対応が必要なのではなかろうか？

そこで特に重要なことは「個性を尊重する」ということは、その子の個性（ＡＤＨＤの場合には、その多動的行動）を自由に発揮させるということでは必ずしもないという視点である。

ＡＤＨＤの子どもは、悪意や反抗心から多動的衝動的行動を起こすのではない。同様に確信的な「なまけ心」から、注意欠陥症状を呈するわけでもないのである。もちろん親のしつけの失敗や、教室での教師の教育技術の未熟性によるものでもない。

ＡＤＨＤの子どもは、むしろ自分のＡＤＨＤの心性や行動特性による犠牲者と考えるべきなのである。

前述したようにアメリカでは、ＡＤＨＤを疾患とみなし、子どもたちはその病気の患者あるいは犠牲者とみなしているのである。

5 ＡＤＨＤの「治療」

そしてアメリカでは、そうした考えに基づいてメチルフェニデート（リタリン）をはじめとする薬による「治療」が、ＡＤＨＤの子どもに対する標準的な治療法として広く受け入れられている。

広く受け入れられている理由は簡単である。まず第一にリタリンなどの服用によって診断基準にあるような注意欠陥多動、衝動性などの「症状」が、七〇％の子どもで大幅に改善ないし消失するということである。

　現在、この事実はアメリカにかかわらず否定する研究者はいない。おびただしい数の研究がそれを証明している。現在、アメリカそして日本やイギリスなどの、アメリカほどリタリンによる治療に積極的でない国で検討中であることは、リタリンによる副作用と長期予後に関する非解決の問題である。

茨城大学
尾崎久記氏撮影

　アメリカでは全小学生の三％がリタリンを服用していると推定されている。ＡＤＨＤの同年齢層での頻度が五～七％とされるから、ＡＤＨＤと診断された子どもが大多数服用するのであれば決して驚く数字ではない。しかし最近では二歳、三歳という低年齢の子どもたちの服用率が増えており懸念されている。

　リタリンはその構造から中枢神経刺激剤（覚醒剤）に分類されるために、日本では今でも服用に慎重な意見が多い。しかしドラッグ問題でもはるかに日本の先を行くアメリカでさえ、リタリンによる薬物濫用は問題になっていない。また副作用についても、リタリンとの因果関係のはっきりとしない不整脈による死亡例が二例ある（のみ、といってよいのかわからないが）。

　アメリカの医師の間では、後に述べる行動療法的なアプローチや環境整備のみでは不十分で、リタリンを中心とする薬物療法がＡＤＨＤの「治療」の柱になっているのである。そして治療が必要であるという信念を支える事実として、ＡＤＨＤの子どもは適切な治療が行なわれないと二〇～四〇％という高い比率で、反社会的な行動に走る「行為障害」になるという事実がある。

　もちろんこれはアメリカという社会での現象であり、アメリカと比べてもともと犯罪の少ない日本では証明されていないし、ＡＤＨＤが行為障害の前駆状態だというわけでもない。

6 学校でできること

　日本では寺子屋の昔から、集団での教育が伝統的に行なわれてきた。また一クラス五〇人近い大勢の子どもが、劇場形式の机の配置に並んで授業を行なってきた。私語や集団と同調しない行動は、教師からだけでなくほかの子どもたちからも厳しく注意される、というやり方が行なわれてきた。

　ＡＤＨＤの疫学研究でも、ＡＤＨＤが近年になって増加してきたという事実はないし、それは日本でも同じであろう。確証はないのだが、家庭や地域社会、そして学校でＡＤＨＤの子どもは依然にくらべてまわりから注意されたり抑制されるということが少なくなったために、目立ちやすくなってきた、というのがＡＤＨＤが増えたように感じられる理由なのではないだろうか。

　そうだとすれば、学校や家庭の環境や人間関係を変えることで、リタリンを使用しなくとも、かなりの程度までＡＤＨＤの子どもたちに対応できるのではないだろうか。

　教室環境の整備でＡＤＨＤの子どもがその症状を出にくくする方法は、すでに多くの本で紹介されている。

①教室の壁にはあまり注意をひく展示物は貼らない。
②教師の目がすぐに届く前列に座席を置く。
③授業中は定期的に本人の目を見て話をする。
④授業のさまたげになる本人の行動を明示し、その行動規定以上行なった場合にはタイムアウトなどの方法で、本人の行動を制限する。

などがよく知られている方法である。行動の制限だけでなく、約束が守られたときには、そのことをなんらかの方法でほめる工夫も重要である。小学校中学年までなら、シールなどによるトークンエコノミー法が有効である。

　日本では授業にたえられない子どもが、保健室を利用する習慣が定着しつつある。それをどう評価するかは、意見の分かれるところであろうが、最後にスイスの小学校で実験的に行なわれている「教室内保健室」の写真（**前頁写真**）を紹介する。

　この写真はその教室の一部を写したものである。席を立ち歩いたり、授業に集中できない子どもは、教師の判断で教室の隅にあるソファーに移動させる。ここで子どもたちは、授業のさまたげにならない範囲で自分の好きなことをしたり、休んだりできるようになっている。またタイムアウト法で、本人の行動を制限するときにも、決められた時間だけこのコーナーを利用することができる。

　決してこれがＡＤＨＤの子どもたちへの特効薬的な対応策ではないが、世界中どこでもＡＤＨＤの子どもたちとどのように付き合っていくのか、試行錯誤を続けていることがわかるのではないだろうか。

＊タイムアウト法
一定の時間授業に参加させない方法、日本の「たたせておく」のも一種のタイムアウト法

＊＊トークンエコノミー法
トークンとはメダルやシールなどのしるし、記念品の意味。約束が守れたときに生徒に渡し、一定数たまったときになんらかの褒美や特典と交換できる

（№65、二〇〇一年春号所収）

ADHDは子ども理解の入口
——子どもの問題は大人自身の不安の投影

竹内 直樹
Takeuchi Naoki

横浜市立大学医学部附属病院
小児精神神経科

1 ある母親からの相談

母親が小学生の男児を連れて受診してきた。わが子を虐待しそうだと沈鬱な表情で語った。

乳児期から扱いにくく、次々と関心が移り、何でも欲しがり聞き分けがなかった。迷子になったり道の飛び出しなど危なっかしい子どもだった。家にいるときなど、自由気ままに過ごす場合にはそれほどの問題もなかったが、幼稚園で集団行動が課せられるようになると、問題が頻発してきた。ちょっかいや喧嘩のたびごとに、相手の子どもの親へ母親は頭を下げ続けた。

小学校入学後はさらに深刻になっていった。子どもが学校になれるにつれ、また座学が増えるにつれ、授業中は特にトラブルが増えた。親がもっとも憂慮したのは衝動的な「キレる」乱暴であった。

ふだんから落ち着きに欠け、椅子に座っていられず、忘れ物が多く、だらしなかった。ほかの子どもたちにむやみに話しかけることが多く、突然凶暴に振る舞ったりもする。些細なことで感情が激するが、他人のせいにすることが多かった。成績はあまりよくはないが大きな問題はなく、仲間の悪口を巧みに言う知恵はあった。その無神経さや自分勝手さが目立った。しかし放課後は人なつっこく遊び相手を見つけては活発に遊んでいた。また身辺整理はことのほか下手で定着が難しく、手先は不器用であった。自分に対して言われていることでも、しばしば聞いていないふうでもあり、叱られてもその場限りの印象が続いた。その一方で、ほめられると得意げでもあった。

どこでも最初は親のしつけ方が問題視された。母親は子どものトラブルを聞くたびに、厳しく接したが効果は乏しかった。ときに逆上したこともあった。母親が追いつめられても、一方の父親は実感が乏しかった。「息子は男の子で自分の小さい頃と似ている」、そう言って、大騒ぎする母親や、問題視する学校を非難した。しかし次第に父親も息子に折檻するようになり、逆上する父親をみると母親は、逆に気持ちが萎え怖くもなり、それ以来父親への相談は控えるようになった。

　こうして母親は学校と父親の間で板挟みになり、やがて授業参観にも消極的になり、学校の敷居が高くなっていった。ほかの兄弟とは違って、息子との関係は悪循環に陥って、青少年の非行のニュースを聞くにつけ、抑うつ的な状態に陥った。

　行き詰まった子育てのことで、この母親は受診をしてきた。

＊

　一言でいえば学校では生きにくい、このような男児と親にどのように支援できるかを考えながら、以下の文章を読んでいただきたい。

2 〝手のかかる子どもは生きにくい〟

　これも最近の話である。落ち着きがなくて自分勝手で乱暴ばかりする男児がいた。小学校は困りはて精神科医を紹介した。そこで「高機能自閉症」と診断されたので、親は驚いて別の医者を訪ねたところ、今度は「多動性障害・学習障害」といわれ、さらにそれに適った学校・専門機関までも紹介された。親子して見学したが違和感が強く、さらに迷って私のところに受診してきた。これは何もほかの医療を非難するためのエピソードではない。医療が治療的に働かなかった一つの例である。

　ADHD（注意欠陥・多動性障害）の言葉が氾濫し、受診してくる子どもの数が増えている。声をひそませるような偏見をふくんだ〝精神病〟のイメージとは異なり、ADHDという耳新しい病名の出現で、児童精神科への敷居が低くなったことは好ましいが、手放しでは喜べない。この例のように医療が安易に教育に介入しすぎ、当事者の生活がさらに不安定になることを懸念する。不登校が学校恐怖症や登校拒否症のように「症」がついて「病気扱い」された頃を思い出す。

　ADHDという障害モデルのみが語られ、子どもの全体像に思いが及ばなくなってはいけない。その子ども一人ひとりに適った教育を支援する視点が重要であるので、付けられた病名で「境界・排除」がなされてはならない。「手のかかる子ども」はいつの時代にもいたし、子どもは決して扱いやすくはない。そのような「手のかかる子ども」が「生きにくい」社会になること、子どもに適応を強いることのほうが怖い。

3 SOSとしての問題行動

　子どもに関する事件や福祉の報道は「バブル」の感がする。そのような世相を反映して児童精神科を受診して来る子どもも変わった。行為障害、アスペルガー症候群、学習障害、高機能自閉症、セクシュアル・ハラスメント、引きこもり、ストーカー被害、性被害、虐待、犯罪被害などの子どもも患者として来院する。耳目には新しいが以前から埋もれていた問題である。それが表面化してきたにすぎない。

　メンタルヘルスの領域では、患者から消費者・当事者と呼称が変化し始めている。そしてドメスティック・バイオレンスなどが好例であるが、今まで不問にされてきたことでも、支援を受けられるようになってきた。地域や家庭内で絶望をし、自己完結的に閉じられていた問題にも、さまざまな人や行政の支援が考えられ始めている。ADHD問題への対応も、そのような感覚が必要と思う。

勝手放題に映るADHDの子どもは、ある意味では生きにくい学校生活を過ごしていたはずだ。ときに加害の立場に陥る子どもも、それまでに被害の立場の時期もあったことが多い。浮き上がった問題行動そのものよりも、孤立を含めた不適応のさまざまな生活面にこそ視点をあてるべきである。本来ならば、子ども一人ひとりに対して「特別な配慮を要する」対応やソーシャルサポートのアクセスが必要であったのに、そのようなことがないままに過ごしてきて、問題行動で初めて支援が必要であることがわかる。

その意味でこそ問題行動は、子どものSOSそのものといえる。今まで表面化しなかったことこそが疑問であり、その当事者たちには不幸な時代であった。そして今ADHDに限らず、ほかの子どもたち、言い換えれば仲間のなかで「生きにくい」子どもすべてを支える時代に変わってきている。

病名だけで子どもが語られたときは、支援ではなく差別が始まる。ADHDをいまだ知らなかったときの、子どもや親への対応こそを問い直したい。今までの地道な日常的な教育的視点や先達の取り組みには、欠かせない知恵が埋もれている。

新たな医療モデルの出現で、「バスに乗り遅れまい」という姿勢は悲しい。一人の子どもが問題行動を起こしたときには、今までの教育対応では、あるいは家庭の対応では、何が限界であったのかを整理し対応したい。

4 ADHDと「ADHDもどき」

新しく病気を知ると、身体の具合に妙に神経質になることがある。ADHDという言葉を知ると、「手のかかる」子どもがその言葉で覆われ、子どもその人を見失うことがある。

ADHDの講演会で症状の話をすると、教員の多くが「受け持ちの子どもにも似た子どもがいた」と、いくぶん安堵した表情で話すのをしばしば聞く。しかし症状は似ていても、その問題行動の背景は子どもによってさまざまであることを忘れてはならない。子ども一人ひとりの問題行動を、仮にまとめたものがADHDであって、子ども理解の入口にすぎないのに、診断によってあたかも子どもの問題が解消したように錯覚してはいけない。くどくなるが分裂病であっても同じである。幻聴に支配された子どもが、分裂病と診断された場合に、診断により行動の道筋が見えやすくなるが、それだけであり、それ以上のものではない。精神医学の病名は、図書館の分類と似た操作的診断分類であり、内容よりもとりあえず分類したレッテルにすぎない。

後に詳しく語るが、ADHDの症状は「氷山の一角」にすぎない。海面下にひそむ問題こそを問い質したい。だから多くのADHDを「ADHDもどき」と、私は内心で呼んでいる。

5 問題行動の問題こそ問題

教育の世界では問題行動を、反社会的、非社会的行動と二分する言い方がある（この分類は児童精神医学にはない）。校内暴力や非行が前者であり、不登校やいじめ問題などが後者にあたる。子どものメンタルヘルスでは、今までは後者が中心の問題であった。そしてメディアは子どもと対峙せず、ステレオタイプに周辺の親や学校へのバッシングをくり返した。

不登校の子どもをもつ家族が問題視され、悩みを深めた時代もあり、今でもその受難の辛さはいまだ払拭されたわけではない。ある時期、不登校は怠学と同義語にみなされ、またいじめられる側にも問題があると長く言われ続けた。またその原因論はステレオタイプにくり返され、親子関係の問題、しつけの問題、あるいは管理教育の問題等々と非難されたが、このためにかえって当事者は疲弊しただけに終わった。

いじめ問題を通じて、被害（いじめられる側）から加害（いじめる側）に注目が集まり始めた。被害の子どもであっても状況によっては加害の側もあり、被害と加害の関係は表裏両面であることがある。黒白と峻別できない灰色のゾーンもあるという、勧善懲悪とはいかない当たり前のことが浮き上がってきた。

この数年は少年事件報道が連日のように流された。「キレる普通の子ども」から「子どもは変わったか」論が噴出した。「キレる」は流行語になり、「普通の子ども」の凶行に対して唖然とする報道が横行した。しかしこれらの少年は生育歴で、養育困難、虐待、いじめの被害歴や孤立などの不適応のエピソードがあり、追いつめられ被害感を強め、また病的な短絡化の末に加害に転じた凶行であった。「手のかからない」「目立たない」子ども

であったかもしれないが、社会から「さらに手をかけられるべき」子どもであった。

いじめ自殺とさかんに報道されたときも、子どもの自殺はそのときだけ増えたにすぎないし、決して近年の傾向ではなかった。今はそれすらも話題から消えた。それと同じように衝動的な子どもが増えたという証拠や統計はないにもかかわらず、今の青少年に世間は眉をひそめがちである。子ども自身と自然に向き合うことに、専門家である教員スタッフ側が、極端にためらい不安がる雰囲気がある。大人と子どもと分ければ、二つの側はいつの時代においても理想的な和解や理解などあったためしはなかったのに。そして不安だからこそ大人側は、蜜月があったかのような錯覚をして、子ども問題に大人自身の不安を投影しすり替えている。

今必要とされるのは大人同士が抱えている子どもへの不安感を明らかにし、そして子どもに真摯に出会うことである。問題行動に「いかに対応すべき」かよりも、「誰にとって何が問題」とされているかというとらえ方が基本である。当事者の親子と教育スタッフの情報の共有こそが、優先されるべき課題である。

6 ADHDの診断

診断基準をなぞって、症状をまとめてみる（31頁参照）。①多動、②注意集中困難、③衝動性、この三つがからみあって、一つの症候群をなしていると考えられている。その主項目から、ADHDの子ども像を想像して欲しい。

①不注意

細かな注意が払えないので、うっかりしたミス、不注意なミスが続き、注意集中の持続が困難で、他人の話を聞いていないように見え、他人の指示に従えないで、遊びや仕事も途中で放棄し、特に宿題は不得手である。必要とされる努力を回避し、学校の準備を忘れて、容易に外の刺激に気持ちが奪われ、忘れ物が目立つ。

②多　動

そわそわして、また絶えず身体をモゾモゾさせて、席を立ったり、走り回ったり、騒々しさが目立ち、静かに遊べないように、動きすぎることが過剰である。

③衝動性

待つことが不得手で、人の話の途中で割り込み、口をはさんではいけない状況で一方的におしゃべりをする子どもである。端的にいえば幼児の行動をなぞったような内容である。乳幼児の頃から活動的であり、睡眠時間は短く、よく泣くエピソードが多い。また些細なことでかんしゃくを起こし、いわゆる情緒が不安定で、気分は変わりやすい。

この衝動性と性急な欲求充足が臨床的には問題になる。三歳未満では多動か気質かの鑑別は難しいし、多動が生活の顕著な障害をきたすのは、集団生活である入園や就学以降のことが多い。

ほかにも、手先の不器用に認められる運動強調の欠陥、学習のバランスの悪さなどが認められることもある。

7 ADHDの衝動性

不注意や多動は誤解も少ないが、「衝動性」は誤解を生みやすい言葉である。流行の「キレる」という言葉も衝動的と同じ意味で使われる。一見理由なく、大声を出し、暴れまくる大人にも頻用される。しかしADHDの「衝動性」は、「幼稚で、自分勝手で、落ち着きがなく、衝動的に暴れる」態度の総称である。攻撃的な衝動というよりも、ADHDでは幼児的な「せっかち」「ちょっかい」「すぐに手が出る」が近く、正確には「自己コントロールを欠いた」状態のほうが近い。「わかっているのに約束を守れない」子ども像である。

年齢に比して、適切な他人との距離感がとれず、周囲に配慮する融通性が乏しいために、ある感情の激した状態下では、結果として「衝動的な暴力」に至る場合もある。その意味で内省力が乏しく、表現力の弱い子どもたちである。そのために自己中心的になり、他を責めやすく、身勝手に思われ、腕力に訴えるだけの子どもは、仲間からも疎んぜられ始める。そして勉強に遅れて、学力は低下し、さらに教室での疎外は進み、コミュニケーションする力も弱い。

空しい今と、見えない未来のなかで、子ども自身が自らを「落ちこぼれ」とみなし始めてしまう。内実は人さみしいだけに、だからこそ仲間が必要であり、善いことで仲間から愛でられもしたい。

8 ADHDの多動

多動ひとつを例にとっても、どこまでが多

動かと定義づけることは難しい。小学校入学後の児童のアンケート調査で、「落ち着きに欠けるかどうか」を親や担任に尋ねると、子どもの半数は多動と評価された。しかしADHD発症頻度の三〜五%とは大きな隔たりがある。親にとってのわが子、あるいは担任にとっての教え子、それらの関係のなかでは、客観的な評価は難しいことがわかる。

正確な全体像を把握するためにも、子どもを観察する視点を増やせばよい。関係の深さにかかわらず、また放課後や家庭や他の教科、行事、遊び、仲間など、さまざまな視点で把握する必要がある。そして月日を経て縦断的にみていけば、それほど難しくないことである。

その子どもにとって、つらい時間や支障をきたしやすい状況の把握も大切であるが、遊びや生き生きとした時間を把握するのも、重要な情報といえる。もちろん多動と呼べるかどうかという曖昧な状態もあるが、それは保留しておけばよい。

親に受診を勧めるべきときは、多動によってその子どもの生活にいかに支障が生じているかを説明したい。困っているのは担任ではなく、当の子どもであり、子ども同士である。担任にとっての「多動」ではなく、その子ども自身の「弱さ」を考えたい。

親と担任など、情報の正確な共有はありのままがよい。それを責任や病因と絡めると、見えるものが見えにくくなる。だから逆説めくが、子どもに関連が深い当事者である親や担任だけでは、子どもの心を把握できるものではない。

9 ADHDは増えたのか

ADHDの頻度は先ほど述べた三〜五%程度であり、呼び名の変遷はあれ、医学では一〇〇年も前から歴史を積み重ねてきた概念でもある。昔から、ある一定数は存在していたと考えられている。

最近になって急増したものでないにもかかわらず、脚光がにわかに当たりすぎる時代のほうが異様に思う。この傾向はADHDに限られたことではないが、子どもの問題そのものよりも、周囲の大人に「手のかかる」子どもの全体像を、さまざまな場面を配慮して、理解し、関わる姿勢が失われている。「妙薬」で雲散霧消すると思わせがちな啓蒙書、そして大人の子どもに対する身構えや雰囲気のほうが、ADHD論の新たな問題といえる。

ADHD関連の本も書店に平積みされ、その病因論もかまびすしいほど続出している。明らかな実態が調査された資料もないにもかかわらず、我田引水のように専門家たちのさまざまな病因論が噴出している。「親や就学前の子どものしつけ」「愛情不足」「親子関係」「食事のバランス・栄養」「注意をひくため」

「甘え」「未熟」「環境問題」「脳の障害」、あるいは「てんかん」説などなど。

これらは「不登校」「いじめ問題」における病因とされている過ちの繰り返しにすぎない。大人側の理由づけや解釈ばかりが先行し、そのことで大人は不安を解消したいだけである。これらは子どもを理解しているようで、実際に目の前の子どもに向き合っていないし、尊重もしていない。原因論は単純ではないし、総論での対立は時間の浪費に思える。

10 ADHDに特効薬はあるか

ADHDという語の普及はLDと似ている。問題行動・集団不適応に対して、問題児、反抗期、学業不振児というのでは素人すぎるのか、手垢のつかない蘊蓄のありそうな専門用語が代わって使われるようになった。LDもそうであったが、アルファベットの略語を世間は歓迎した。学習障害や多動性障害など、烙印の符丁ともとりかねないので、形ばかりの「障害」を消し去った、中立的な略称も時代に適ったのである。

ADHDは中枢神経系への機能障害仮説が専らである。塩酸メチルフェニデイト（商品名：リタリン）が万能薬のように語られすぎている。実際はさまざまな向精神薬や、支持的な精神療法が必要な場合が多い。

確かに塩酸メチルフェニデイト一錠で、別人のようにふるまいが変わる子どももいる。しかし、薬だけでコントロールできる子どもの受診のほうが少ないのが実感だ。妙薬でも駄目な子どもたちが紹介されてくるのが、児童精神科外来の実際である。

ご存じと思うが、整理整頓ができない、家事で「片づけられない」女性に対して、成人版のADHDの啓蒙書が売れている。その知識は一群の人たちには福音にも確かになろうが、実際には希である。医療を紹介すればよしとはならない。それぞれの粘り強い、見捨てない支援が必要とされる。

11 「ADHDもどき」にこそ配慮

精神遅滞が背景にあり、そのために学級で多動を示す子どもはADHDではない。就学や進級に要求される学力レベルが上がり、不適応が生じるのが現状である。また対人関係がとりにくく衝動的な子どもや、こだわりが強くかんしゃくを起こす子どもたちもADHDとは異なる。仲間ができることは子どもの生活圏では絶対的に必要である。また小学校のある学年から急に暴れるなど問題行動を引き起こした子どもも違う。中学校からある日突然に「キレる」子どもも違う。問題行動だけではなく、また自分の知っている子どもの人物像だけではなく、それまでの生育歴を把握しないと診断はできない。

就学前から、活発で元気一杯の人なつっこい子どもがADHDの典型である。そのような子どもは、包容力のある学級経営のなかで成長とともに収束していく。担任が代わったり、クラスが変わって、成長のなかで問題がなくなることも実際に多い。また通級指導、塾、教員の複数配置、少人数の教育等、多様な教育環境の整備で問題は減少する。

しかし「ADHDもどき」が実際には多い。随伴する他の障害が実際はある「ADHDもどき」にこそ支援が必要である。衝動的な万引きや暴力は毎日なくても、たまにあれば大問題になる。だからこそ逆説風にも思われてしまうが、「先生と約束して、治そうと思ってもできなかった」「なぜだかわからなくなってしまう」そういう弱音も素直に出せる関係がよいと思う。そのような試行錯誤や多様な経験が、子どもの成長には欠かせず、弱音や本音を言える大人を身近にもった子どもは、追いつめられないものである。

12 子どもと関わり続ける

子どもの問題で誰が一番困っているかを明らかにしたい。生活圏の支障は子ども一人では生まれず、周囲との関連が深い。ある患者の父親が、「自分が子どもの頃は、息子よりも落ちつかなかったが、医者に行けとは言われなかった」と、医療を求める学校を非難していきまいたこともあった。

親であれ、担任であれ、相互の信頼関係を培うためにも、普段からの関係性が重要となる。また荒れる子どもが地域で生きていくためには、学級のほかの子どもの親の関連も重要になる。非行問題でも被害と加害での直接的な当事者同士では、感情的なわだかまりも生じやすく、二次的な被害も生まれやすい。PTA同士が支えることで、間接的ではあるが、包容力のある学校生活を保障する雰囲気も生まれる。

またクラスや担任だけで抱えこんでしまうと出口が見えなくなる。養護教諭や担任以外の、現実に介入しないスタッフも必要である。それがないと、教員と子どもは「叱る――叱られる」だけの悪循環の関係から脱することができなくなる。さまざまな立場や人で子どもを包みたい。

このように成長のなかで子どもにさまざまな経験を積ませることが重要である。しかし最近、子どもの心のケアーと称して、すぐにカウンセリングという、心理・医療モデルだけが優先されすぎる傾向がある。当事者の子どもにはカウンセリングがどのように映るのかを考えていただきたい。過剰すぎる状況をたとえれば、バブル景気と似た「カウンセリング・バブル」の感がする。

子どもの問題に対して、複眼的な視野で支援がなされない場合は危険である。カウンセリングが万能薬ではない。子どもとの相性や関係が基本である。子どもの思いを尊重し、身近なかで多面的な支援と多様な選択ができる機会が望まれる。そのためには当事者が納得のいくドクターショッピングが活用されればよい。

問題行動という「悪いこと」をした子どもと出会うときに、余儀なく「悪いことを」してしまう子どもの「弱い」心をこそ理解したいものである。

他人と話し理解されることで、子どもの新たな道が広がることも多い。今問題行動があるからといって、問題児、犯罪者、あるいは問題の大人になってしまうといった根拠のない悲観的な予測は慎みたい。

（No.65、二〇〇一年春号に加筆）

他人からの手助けを少し多く必要としているだけ

杉田 克生
Sugita Katsuo

千葉大学教育学部養護教育学
主に小児神経学を専門。現在、千葉大学附属病院小児科、その他千葉県下の病院小児科で神経外来担当。LD、ジスレキシアなど高次機能障害にも研究領域を広げている。

池田 花恵
Ikeda Hanae

学校法人旭出学園　旭出養護学校
養護教諭

はじめに

落ち着きがない。勝手に動きまわる。おしゃべりが止まらない。興奮しやすい。周囲の大人が想像もできないことをする。子どもはこういった行動をとるのが普通です。しかし、なかには落ち着きのなさの程度が極端に激しく、日常生活に支障をきたす子どもがいます。そのような子どものことを、「ＡＤＨＤ（注意欠陥／多動性障害）」といいます。

ＡＤＨＤをもつ子は周囲の適切な対応により、社会性を身につけ、その長所を十分に発揮することができますが、対応を誤ったり、放っておいたりすると、さまざまな不適応を引き起こします。そこで、いくつかのＡＤＨＤの子に見られる特徴とその対応を中心に、ＡＤＨＤの子どもを理解するために必要なことについて概説します。

1　ADHDの成り立ち

一九二〇年代後半、世界的に流行した嗜眠性脳炎に罹患した子どもの後遺症として、著しく多動で、注意集中が困難という症状が見られました。また、外因性の知的障害児や、脳性マヒの患者の一部にも、同様の症状が見られることが明らかになりました。これらはいずれの場合も、明らかな脳障害がその原因として存在します。

しかし、脳炎に罹患したこともない、知的障害もない、脳性マヒも見られないという子どもにおいても、多動や注意集中が困難といった似た症状が認められるようになってきました。

このような子どもは、脳に微細な損傷があるために、似たような症状が認められるのだと考えられ、一九六〇年代に、「微細脳損傷（ＭＢＤ）」と呼ばれるようになりました。その主な症状は、多動、衝動的、ひとつのことに集中できないというような行動上の障害と読み書きや計算が困難というような学習上の障害でした。

しかし、一九七〇年代に入り、医学的に臨床検査をいろいろ行なっても、微細な脳損傷を明らかにすることができないことから、この病名は適当ではないと主張されるようになりました。そこで、「微細脳損傷」という原因を表わす病名ではなく、「多動症候群」および「学習障害」という症状を表わす病名が使用されるようになりました。

そして、一九八〇年、米国精神医学会から刊行されたＤＳＭ-Ⅲ（精神障害の診断と分類のための手引き・第3版）のなかに「ＡＤＤ（注意欠陥障害）」が登場しました。これは、今まで、多動という行動を中心にして考えられていた「多動症候群」を、不注意という新しい視点からとらえたものでした。サブタイプとして、「多動を伴う注意欠陥障害」「多動を伴わない注意欠陥障害」「残遺型」の三つに分けられました。しかし、「多動を伴わない注意欠陥障害」つまり、多動でない多動児とは一体どういうものなのかと、混乱が生じました。

一九八七年に改訂されたＤＳＭ-Ⅲ-Ｒでは、このような事態を受けて、「ＡＤＤ」から「ＡＤＨＤ（注意欠陥・多動障害）」へと名称が変更されました。このときの「ＡＤＨＤ」の診断の評価項目は一四項目あり、そのうち八項目が認められれば「ＡＤＨＤ」と診断するとなっています。また、ＤＳＭ-Ⅲ-Ｒの「ＡＤＨＤ」にはサブタイプはなく、その代わりに重症度によって「軽症」「中等症」「重症」に分けるように定められていました。

2 診断をつけるプラスとマイナス

ＡＤＨＤは、一九九四年に米国精神医学会から刊行されたＤＳＭ-Ⅲの診断基準により決められる医学的な診断名で、診断基準にある評価項目が子どもの行動に認められるかによって診断します。評価項目は「不注意」と「多動性―衝動性」に二分類され、各九項目あります。両項目とも六項目以上あるものは「ＡＤＨＤ混合型」、「不注意」のみ六項目以上あるものは「ＡＤＨＤ不注意優勢型」、「多動性―衝動性」のみ六項目以上あるものは「ＡＤＨＤ多動性―衝動性優勢型」となります（**表1**）。

診断名をつけることには、多くの利点があります。まず、ＡＤＨＤという診断名がつくことで、ある程度の見通しをもった医療や指導を行なうことができます。そして、子どもの落ち着きのなさなどの問題行動の原因がわかることで本人と親は安心感を得ることができます。

ただし、診断名をつけることには問題もあります。診断がつくことで、自分がＡＤＨＤであることを言い訳に使い始める子どもがいます。また、親や教師がＡＤＨＤという診断名にばかり気をとられてしまい、ワンパターンでしか子どもを見ようとしなくなってしまうおそれがあります。ＡＤＨＤの子どもにもさまざまなタイプの子どもがいて、それぞれ違った対応が必要だということを忘れないでください。普段は「ＡＤＨＤ」という診断名についてはあまり深く考えず、それぞれの子どもの行動をしっかり見つめるようにするのがいいでしょう。

3 何が原因か

ＡＤＨＤには多くの要因が関連していると思われますが、まだはっきりとした原因はわかっていません。現在、遺伝的な因子、脳の前頭葉障害、脳の神経伝達物質の代謝経路に異常があるのではないか等の説があります。特にここでは、前頭葉の障害説について説明します。

最近の画像診断により、ＡＤＨＤの子の前頭葉の前頭前野と呼ばれる部分の活動が低下し、十分に機能していないことが観察されています。このため、ＡＤＨＤの子は覚醒レベルが低下しています。そして、覚醒レベルが低下しているために、あらゆる刺激を求めることで前頭葉の活動を高めようとしていると考えられています。

また、前頭葉は脳のほかの部分より伝えられるさまざまな刺激（情報）を有効に利用するために統合・抑制するはたらき、ある行動を遂行するために何をなすべきかを考え、そのための計画を立て、それを実行するはたらき、過去の経験について覚えていることを利用して、結果をあらかじめ予測するはたらきがあります。

このようなはたらきがうまく機能しないために、ＡＤＨＤの子は、刺激を求めて動き回る、行動を抑制することができない、一連の行動をうまく目的に沿って遂行することが困難になるといった症状が表われると考えられています。社会的環境はＡＤＨＤの原因ではありませんが、プラスにもマイナスにも影響を及ぼすことがあります。

4　頻度、男児に多い

頻度は、調査が行なわれた国や地域、対象人数、使用した診断基準等の条件によって異なりますが、世界全体ではＡＤＨＤの人の割合は一～五％程度と考えられます。アメリカでは、小学生の二〇％という報告から小学生の三～五％という報告まであります。イギリスでは、アメリカより少なく、一％程度であるとされています。日本ではよくわかっていませんが、小児科を受診してＡＤＨＤと診断されるケースは少ないようです。

男女比もまた、調査した国、対象人数等の条件によってさまざまです。一般に男児に多く、女児の四～八倍とされていますが、最近は女児では特に「ＡＤＨＤ不注意優勢型」が見落とされていることが指摘されてきています。

5　薬剤治療の注意点

薬物療法では、メチルフェニデート（商品名はリタリン）やペモリン（商品名はベタナミン）、デキストロアンフェタミンといった中枢刺激剤が使われます。このうち、日本国内で市販されているのはメチルフェニデートとペモリンです。また、抗精神病薬、抗うつ薬などが用いられることもあります。薬剤によって、ＡＤＨＤの子どもに注意力の改善、衝動性の改善、さらに情報の入力・統合過程の改善などの効果が表れるとされています。その効果は、無効な症例から、投与直後より目覚しい発達を遂げる症例まで、さまざまな症例があります。

しかしながら、ＡＤＨＤは行動の障害であり、身体の疾病ではありません。ですから、薬剤によって症状を抑えることはできても、根本的に「治癒する」ということはありません。薬剤を投与し、その効果があるときに教育的指導を行なうことで、より教育の効果を高めることができますが、薬剤はあくまで対症療法にすぎません。また、発達時期に使用する薬であること、しばしば副作用（食欲不振、吐き気、腹痛、過度の鎮静、睡眠障害など）が表われることについても十分に注意しなければなりません。したがって、小児精神科医や療育センター、各種相談所と連携しながら、何かひとつの方法だけに頼るのではなく、薬物療法、教育、心理療法などを並行して行なっていくことが必要です。

6 すぐにできる教育的対応

ＡＤＨＤをもつ子は周囲の正しい理解や適切な対応により、症状の改善が見られることが知られています。さらに、社会とうまくかかわりながら、その素晴らしい長所を発揮することができるようになります。

しかし、周囲の誤った考え方や対応が続くと、さまざまな不適応を引き起こし、二次的な心理面の障害も起こりやすくなります。そこで、ＡＤＨＤをもつ子によく見られるいくつかの特徴と学校で今すぐできる適切な対応法について説明します。

●言葉で言うよりも根気よく体で覚えさせる

（症例１）

落ち着きがなく、きちんと着席していることができません。授業中でも、突然何かを思い出したように立ち上がったり、目的もなく教室内を歩き回ったりします。しばしば、教室から出ていってしまうこともあります。

（対処法）

着席できないということが、学校生活でまずはじめに問題となり、また最も目立つ行動となるでしょう。しかし、適切な対応を繰り返していけば、必ず改善が見られるようになります。では、具体的にはどう対応したらよいのでしょうか。

まず、落ち着きがない子どものなかには、自分の体の動きを止める方法を知らない子どもがいます。このような場合には、叱ったり、言葉で説明するよりも、「静止している」とはどういう状態なのかを実際に体験し、体で覚えさせてしまうのがよいでしょう。椅子に座らせ、まず一〇秒、三〇秒、一分と最初は短時間から練習していきます。立ち上がろうとしたときには、肩を上から押さえたり、後ろから腰の辺りを押さえたりして、立ち上がれなくします。立ち上がらせてしまったり、動き出してしまうと、再び連れ戻したとしても、それは、「動いた」ということには変わりなく、失敗です。立ち上がろうとしている瞬間にサッと押さえるのがポイントです。あせらずに回数を重ねて練習し、着席に慣れさせていきます。

授業中は、どのくらいの時間着席していられるかを教師が把握しておきます。そして、ある程度体を使った活動を、その時間にあわせてうまくとり入れます。たとえば、黒板で問題を解かせたり、教師のアシスタントにしたり、伸びをしたりするとよいでしょう。職員室に行く用事を頼んだり、休み時間に体を思い切り使った遊びをするなど、前もって体を使う時間を与えるのも効果的です。

教室から出ていってしまう場合には、ほかのクラスメイトはどうしているのかを意識させて、みんなと一緒に勉強していくことを説明します。まわりが「出ていってあたりまえ」「いなくてあたりまえ」というような認識をしてしまうと、本人も「それでいいんだ」と誤った学習をしてしまう場合もあります。

どうしても落ち着けない場合には、保健室や空き教室など、教室以外に落ち着ける場所をつくっておき、許可を得ればそこを使ってもいいことにします。

●注意をひきつけ、できたら〝ほめる〟

（症例２）

指示に従って行動することができず、自分勝手な行動が目立ちます。

（対処法）

ＡＤＨＤの子どもは人からの指示のポイントをうまくキャッチしたり、自分の頭の中で指示を整理したりすることが苦手です。しかし、本人はそれによって特別に困ることもないので、放っておいても改善はしません。適切な対応が必要です。

指示を与えるときは、まず目と目を合わせて、子どもの注意をこちらに向けます。そして、いま何をすべきかを一つずつ簡潔にかつ具体的に短く出します。「ちゃんとしなさい」ではなく、「席に座りなさい」などよい行動を具体的に指示します。「早くしなさい」ではなく、「一〇時三〇分までに終わりにしなさい」など明確な時間を指示の中に入れます。また、聞こえてはいても、教師が聞き取りにくい発音で早口に伝えたのでは、子どもは何のことか理解できません。ゆっくり、はっきりと指示を出しましょう。

子どもがわからないと、教師はいろいろ言い替えて、何とかわからせようとしますが、それよりも同じことを同じ言い方で、何度も繰り返し伝えたほうがわかりやすいようです。

また、ＡＤＨＤの子どもは、聴覚性の短期記憶が弱い場合や、視覚的な情報のほうが取り入れやすい場合が多いので、絵カードや紙に書いて伝えると、こちらの指示がたいへん伝わりやすくなるでしょう。

指示を出すときには、いま何をなすべきかを、いつも場面ごとにきちんと伝えていくことが大切です。そして、さらに大切なことはＡＤＨＤの子が指示の通りに行動できたときに大いにほめてあげることです。後でほめるのではなく、うまくできたその時にほめます。そうすることで、ＡＤＨＤの子はどうすることが正しい行動なのかを学習していきます。指示通りに完全にできなくても、一部分ができていれば、そこをほめてあげることが大切です。

●不必要な刺激を取り除く

（症例3）

刺激に敏感で、授業中もちょっとしたことで気が散ってしまいます。集中して授業に臨むことがなかなかできません。

（対処法）

原因のところでも説明しましたが、ＡＤＨＤの子は、さまざまな刺激（情報）を統合・抑制するという前頭葉のはたらきが十分に機能していないことが考えられます。その結果、たとえば、聴覚的な刺激であれば、背景の雑音など不必要な音を遮断し、たくさんの音刺激のなかからその時必要な音だけを受容することができません。視覚的な刺激についても同様です。

したがって、できる限り、不必要な刺激を教室内からなくす工夫が何よりの対処法です。具体的には、

・掲示物はできる限り教室の後方にする。
・棚から物がはみ出ないようにする（カーテンを掛けるのもよい方法です）。
・窓側や廊下側など、教室内の刺激が入りやすい座席は避ける。
・授業が中断する時間をできるだけ少なくして、授業のリズムを保つ。

などの方法があります。

●小さなことでもよくできたら具体的に、すぐ心からほめる

（症例4）

叱られることが多いためか、物事を被害的にとらえたり、「自分はダメなんだ」と言っ

たりします。このままだと、すっかり自信をなくしてしまうような気がします。

〈対処法〉

ＡＤＨＤの子には、物事を被害的にとらえる子が少なくありません。叱られることが多いのが影響している可能性はあります。心理的に追いつめられ、被害的な傾向がひどくなると、急にチックが出てきたり、乱暴なことばを使うようになったりします。

自信をつけさせてあげるためには、わずかなことも見逃さず、よい行動を大いにほめてあげることです。ほめるときは、ただ「よくできたね」「ありがとう」と言うのではなく、「この問題ができたね。よくできました」とか「プリントを集めてくれてありがとう」というように、具体的によい行動を言ってからほめてあげましょう。よい行動を目にしたら、チャンスを逃さず、その場ですぐにほめましょう。そして、何より大切なことは、教師が心の底からほめてあげることです。ことばだけで表面的にほめるのではなく、体中でこちらの喜びを表現しましょう。

また、ＡＤＨＤの子のなかに、何か新しいことをやろうとすると、必ず「できない」「わからない」「やりたくない」と言う子がいます。これは、やりたくないから言い訳をしているのではありません。自分が新しいことに挑戦して、もしも失敗したときに傷つくことを恐れているのです。教師はこういう子に対して「できるよ」「やろうよ」と繰り返し、励ましますが、これが逆にプレッシャーになっていることがあります。まずは、教師やクラスメイトがやっているのを横で見てもらい、その子自身がほんの少しでも「やってみようかな」という気持ちになるのを待ちましょう。そして、初めから完璧にできることを目標にするのではなく、一部分でもできたらそこを思いきりほめてあげましょう。ＡＤＨＤの子は、いつも動き回っていて、心身ともに強そうなイメージがありますが、決してそういったことはありません。逆に精神面はとてもナイーブで傷つきやすい子のほうが多いくらいです。

7 ＡＤＨＤとうまく付き合うために

ＡＤＨＤの基礎知識から、いくつか具体的な対処法まで概説しましたが、それはほんの一部分にすぎません。また、以上の対処法が、すべてのＡＤＨＤの子に当てはまるというわけではありません。

大切なことは、周囲の大人がＡＤＨＤの子と真正面から向き合い、その子が今何を必要としているかを冷静に判断することです。そして、マニュアルは参考程度にとどめ、その子の必要としていることに合わせた対応を一つひとつ丁寧にしていくことです。ＡＤＨＤの子を指導するのは大変で、普通に成長している子どもを指導するのは大変ではないかというと、そんなことはありません。子どもも教師も苦労や悩みはあり、他人からの手助けを必要としているはずです。ＡＤＨＤの子にとって適切な対処法とは、すべての子どもにとっても有効なものです。異なるのは、ＡＤＨＤの子は他人からの手助けを人より少し多く必要としていることだけです。

「ＡＤＨＤ」＝「問題児」といったイメージを捨てて、ひとりの子どもとして接していると、今まで理解できなかったＡＤＨＤの子の行動も何となく理解できるようになるでしょう。さらに、丁寧に指導を続けていくことで、ＡＤＨＤの子の素晴らしい才能が見えるようになり、ＡＤＨＤの子とのかかわりを楽しむことができるようになるでしょう。

（No.65、二〇〇一年春号に加筆）

苦手な面を少しずつ改善していけるように支援したい

司馬 理英子
Shiba Rieko

東京都武蔵野市
司馬クリニック院長
主な著書：『のび太・ジャイアン症候群』『ADHD　これで子どもが変わる』（ともに主婦の友社）、『へんてこな贈り物』（翻訳、インターメディカル）など。

1 ADHDとは

ADHDとは注意欠陥・多動性障害(Attention-Deficit/Hyperactivity Disorder)の略称である。落ち着きのなさ（多動性）、不注意、衝動性がよく見られる発達障害と考えられ、男児により多く見られる（諸外国の統計によれば、3：1〜9：1）。

ADHDの診断基準はDSM-Ⅳによれば、別表（31頁）のようなものである。

不注意の項目が六以上ある場合には不注意優勢型、多動性・衝動性の項目が六以上あれば、多動性・衝動性優勢型、両方が六以上あれば混合型といわれる。落ち着きがない多動な子どもばかりでなく、むしろぼんやりしてなにをするにもテンポが遅れて集中困難な不注意優勢型のタイプがいることに注意していただきたい。

さて気をつけなければならないのは、これらの項目が同じ精神年齢のほかの子どもと比較して顕著に見られる場合に、それぞれの項目に当てはまるという点である。

症状だけを見ればADHDと思われる子どもも、実際にはADHDではないさまざまな原因からADHDに似た症状を呈してくることも多い。ADHDであると思い病院を受診する子どものなかには、広汎性発達障害の子どもがかなりいるといわれる。

広汎性発達障害は自閉症を中心とする近縁の発達障害をいう。こだわりが強かったり、対人関係をうまくもちにくい、落ち着かない（何をすればいいのかがわからず、そうなることが多い）などの自閉症と共通する特徴をもち、パニックを起こすことも多い。

症状だけをみれば、広汎性発達障害の子どもも別表のADHDの診断基準にすっぽりと当てはまるように見える場合があるが、対応はADHDとは異なってくるので、気になる子どもがいるときには、別表の症状に当てはまるかどうかだけでなく、「この子は自閉症の子どもの特徴をわずかでももってはいないか」という疑問を常にもつことが大事である。

実際診断にあたっていても、ADHDと広汎性発達障害、なかでもアスペルガー症候群（言語の遅れがほとんどない広汎性発達障害）では区別をつけるのが非常に困難な場合もある。

また鬱状態や不安神経症、精神分裂病などほかの精神疾患でも似たような症状を呈する場合もあるし、境界域の知能（IQ70―85）の子どもや全般的な知能は正常範囲であるが、「読む・書く・計算する」など一部の学習能力に障害がある学習障害をもつ子どももADHDの類似した症状をもつことが多い。これらの場合でなく、症状が見られるときにADHDと診断できる。

身体的な疾患のために、ADHD様の症状をもつ子どももいる。

ADHDに限ったことではないが、家庭での養育に不備があったり、家族関係に問題がある場合には、子どもは落ち着かず学校生活を円滑に過ごすことが困難である場合もみられる。

ADHDの症状に当てはまるとしても、このように多くの原因が考えられるのである。そのために医療機関への受診が重要になる。

2 気をつけたい二次障害

ADHDの子どもは落ち着かず、注意の持続ができにくいため、また衝動的に行動するために、学習の面でも友達との関わりにおいても困難を生じやすいが、これらの子どもとの関わりで特に気をつけたいのは、二次障害を起こさないようにするということである。

ADHDの子どもは生まれたときから手がかかることが多く、歩き出せばいつも後を追いかけなければならず、迷子になったり、怪我をすることも多い。しつけにはことのほか手がかかる。歯磨き、着替え、手を洗うなども、一つひとつができないわけではなくても、毎日の日課として自発的に手順を身につけていくのが困難である。

家庭では一つひとつのことをさせるのに、何度もうながし、注意をし、しまいにはしかりつけなければできないというパターンを来る日も来る日も繰り返す。朝起きて学校へ送り出すまでの一時間がとてつもなくたいへんである。実際には子どもと関わる時間が多い母親が疲れ切ってしまっていることも多い。なかにはADHDの子どもを育てることから、鬱状態になってしまう親もいる。気力が衰えると子どもとの関わりはいっそう難しくなる。

小学校へ入れば、それまでとは違って学習が加わってくる。毎日の宿題や学校への提出物などがADHDの子どもをもつ家庭には大きな負担になってくる。やればすぐできるのになかなか取りかかろうとしない子、ようやくはじめてもあれこれと気が散って、なかなか終わらない子。忘れ物をしないようにするのにも、フォローがたいへん。学校では先生から何度も注意を受ける。「宿題を忘れた」「提出物がでていない」「きちんと並びなさい」「手遊びをやめなさい」「おしゃべりしていないで……」などなど。

いつもできないわけではなく、できるときもあるだけに、やればできるのにやらない怠け者、家庭のしつけが悪いなどとも思われてしまう。

学校でも家庭でも度重なる注意や叱責を受け、褒められることの少ないADHDの子どもは「自分はだめなんだ」「親も先生も僕のことはわかってくれない」などと思いがちである。自分への評価が低く、それがまたうまくやれない原因となり、頑張ろうという気持ちも育ちにくくしてしまう。

3 ADHDの起こるメカニズムについての仮説

マサチューセッツ大学医療センターのラッセル・バークレーによれば、ADHDは行動や感情、衝動などの抑制システムがうまく機能していない状態だという。

これまでを振り返って行動の結果を予測したり、自分の行動を理性的に判断したり、規則や目標を規範に行動を律したり、自分に話しかけ言葉によって行動を制御したり、時間の観念をもち計画を立てたりなどの能力が十分に発達していないので、思いついたことをすぐ言ったり、相手の気持ちを考えにくかったり、同じ失敗を繰り返す。また記憶の保持能力が弱いこともあり、言われたいくつかの指示を心に留めておいて課題をするのに活用したり、注意されたことを覚えておくのが苦手であったりもする。

ADHDの子どもの失敗や扱いにくさはADHDの特性を知っていれば当たり前のことが多いが、ADHDを知らない人からみると、不可解な反抗的な問題児にも見えてしまうだろう。

ADHDの子ども年齢とともに成長するが、それでもその年齢で必要とされる自己コントロール力には及ばないのである。なかには大人になっても金銭や時間の感覚が身につかず、転職を繰り返したりとADHDの症状をもち続けることもある。今日ではADHDは大人でも存在し、治療の対象となっている。ADHDは程度の差はあれ、一生続くものであると考えられている。適応をよくするためには、少しでも早くADHDに気づき、子どもの必要とする援助を効果的に行なうことが重要である。

4 学校でできること

ADHDの子どもはやろうと思っているのになかなかできない、途中でいろんなものに気がそれて、何をやろうとしていたのか忘れてしまう、気持ちが考えより先走ってがまんできなかったり、言わなくてもいいことを言ってしまうというADHDの特徴のために、自分をうまくコントロールできないのだ、と理解されることを何よりも必要としている。

わざと逆らったり、反抗しているのではなく、その場にあった活動を継続して実行するために、自分の感情ややる気、集中力などをうまく制御するのが困難なのだという認識をまわりの大人がもつ必要がある。

彼らには多くの励ましや声かけ、その子に合った適度な枠組みなどが必要である。

ADHDなのだからとすべての行動を容認するのではなく、いけないことはいけないときちんと教える必要があるが、それには厳しくしたり、ながながと注意することはかえって逆効果になる。短い注意は繰り返しするが、感情やその子への批判などを加えないように気をつけたい。しかし毎時間同じことの繰り返しになるので、担任にとってもたいへんである。

座席を前のほうにし、視覚的な刺激を減らし、場合によっては落ち着ける部屋を確保する、課題の分量を調整したり、連絡帳を書くなどほかの子どもは当たり前にできることも、毎日チェックをするなどの工夫は大いに役立つ。

また、目に見える、手を伸ばせばすぐ届く

ような目標を設定することで、ＡＤＨＤの子どものやる気を引き出すことができる。

　目標はむずかしすぎないものとし、数を限定することが成功の秘訣である。飽きっぽいのも彼らの特徴なので、いろいろ目先を変えて常にチャレンジ精神をうまく引き出すような工夫をしたい。

　計算と漢字は知的能力にかかわらず、多くのＡＤＨＤの子どもが苦手とするところである。分量を減らしてもいいので、できた、やったという経験になるような課題の出し方をしていただければと思う。

　ＡＤＨＤと学習障害、あるいは情緒的な問題を一緒にあわせもつ子どももかなりいる。一斉指導では身につきにくいことも、個別の指導でうまくできることがあり、たとえば、一～二週間の目標を一～二個決めてそれができたかどうかを表にして、できればシールを貼るなどのちょっとした工夫で、子どもはずいぶんとがんばるものである。学習面での指導、ノートを取る、指示を聞くなど基本的な学習の姿勢を身につけさせる、教師と心を通わせるなどを学んでいけることが多い。

　ＡＤＨＤをもつ子どもは三～五％といわれる。各クラスに一～二人はいることになる。

ＡＤＨＤと診断されないまでも、その傾向をもつ子も何人かいるだろう。落ち着かない子が増えてきたように思われるという指摘も一方である。

　医療機関への受診をすすめることが必要な子どももいれば、特徴を理解し家庭と学校の連携でよい方向へ導ける子どもたちもいるだろう。

　ＡＤＨＤの子どもは好奇心が旺盛で、想像力が豊かで、着想に優れていることも多い。一斉授業や集団行動での問題も多いが、子どものもつすぐれた面を、十分に周囲の大人たちが認めることで伸びていくものである。

　精神年齢が同じ年齢の子の三分の二くらいと考えるのが妥当である。落ち着きのなさ自体は中高学年くらいにあればあまり目立たなくなるものだが、内面の落ち着かない感じはそれよりずっと長く続くものである。

　学年が進むにつれて学習内容もむずかしくなり、とりわけ中学校では、ＡＤＨＤであるかないかが試されるがごとく、多くの提出物、定期テスト、授業態度などが評価され、ＡＤＨＤの子どもには厳しい状況になる。小学校にくらべ、担当の先生も多くなり、子どもの特徴について理解してもらうのもむずかしくなる。加えて思春期の嵐のなかで、さまざまな問題行動を起こしたり、不登校や鬱状態に陥る子どももいる。

　学校にはその子をわかってあげ、常に声をかけ耳を傾けてくれる大人がいてほしいと思う。そのような人をコーチと呼ぶこともあるが、ＡＤＨＤの特質を理解して、彼らが目標としていることから外れたり、やる気を持続しにくいときにエールを送ってもらえるような存在である。

　これもまた、ＡＤＨＤに限ったことではないが、ＴＴや介助の職員、ボランティアなどを配備すれば、担任の負担を軽減できるだろう。

学校生活が苦痛でなく、それぞれの学習のスタイルとペースにあわせて学習し、自分を大事に思えるような子どもをはぐくんでいけるような環境を整えられるとすばらしいだろう。

5 ＡＤＨＤの薬物療法

ＡＤＨＤには薬物療法が効果があることが多く、第一選択薬であるリタリンという中枢神経刺激剤を服用すると、立ち歩きや落ち着きのなさがなくなり、授業に集中したり課題への取り組みがよくなる、友達との関係がうまくいくようになるなどの効果が見られる。運動能力が改善する例も経験する。リタリンはＡＤＨＤの子どもの七〇％程度に効果があるとされている。

通常リタリンの効果は三〜四時間とされているので、登校前に服用するとお昼近くになれば効果がなくなる。多くの子どもは学校で薬を服用することが必要になってくる。昼食の時に薬を服用するのを覚えておくのは、ＡＤＨＤの子どもにとってはなかなかむずかしい。子どもによっては昼食の時間まで効果が持続せず、三時間目のあとの休み時間に服用しなければならない子どももいる。服用にあたっては教職員の助けが必要になることもある。

リタリンの副作用で一番多いのは食欲の低下と寝付きが悪くなることなので、薬の量や服用時間はうまく調整する必要がある。

リタリン以外に抗うつ剤や抗てんかん薬などが用いられる場合もある。いずれの薬を用いるにあたっても、まず学校や家庭でできるさまざまな工夫を先に行ない、それから薬物療法を考えるのが、もっとも治療的な効果をもたらすように思われる。

6 家庭でできること

家庭ではなるべく食事や就寝時間、ゲームの時間などを一定にし、宿題は分量を減らしてもらったり、内容を変えてもらってもよいので、毎日するという習慣をつけさせたい。同年齢の子どもならこれくらいはできるだろうということも、なかなか簡単にはできないので、要求水準を下げる必要がある。

このような枠組みは厳しすぎるとうまくいかないが、行動の切り替えや学習の習慣のよい練習となる。中学校を見据えると家庭での学習はＡＤＨＤの子どもにとっては欠かせない日常習慣である。

まとめ

ＡＤＨＤの子どもとつきあうのは随分と根気のいる仕事である。担任も家族も時にはどうしたらよいかわからなくなる。自信を失ったり希望をなくしてしまうこともある。ＡＤＨＤの子どもは悪意がなくても、同じ失敗や間違いをおかすことからまわりの人の気持ちをくじく。自分のやられたことには敏感だが、自分が人にしたことには鈍感で、客観的な見方ができにくいことも、さまざまな軋轢の原因となる。

けれども彼らにはまわりの人を楽しくさせる才があったり、誰とでも仲良くなれる魅力があったり、好きなことのためには努力を惜しまない面もあり、なかには人のためには自分が損をしてもなんとかしてあげたいという純粋な気持ちをもっていたりもする。

そのようないい面を大切にしながら、苦手な面を少しずつ改善していけるように、大人たちは力を貸していきたいものである。

（№65、二〇〇一年春号所収）

DSM－Ⅳ　注意欠陥／多動性障害（1994年）

A．（1）か（2）のどちらか：
（1）以下の**不注意**の症状のうち6つ（またはそれ以上）が少なくとも6カ月以上続いたことがあり、その程度は不適応的で、発達の水準に相応しないもの：

【不注意】
（a）学業、仕事またはその他の活動において、しばしば綿密に注意することができない、または不注意な過ちをおかす。
（b）課題または遊びの活動で注意を持続することがしばしば困難である。
（c）直接話しかけられた時にしばしば聞いていないように見える。
（d）しばしば指示に従えず、学業、用事または職場での義務をやり遂げることができない（反抗的な行動または指示を理解できないためではなく）。
（e）課題や活動を順序立てることがしばしば困難である。
（f）（学業や宿題のような）精神的努力の持続を要する課題に従事することをしばしば避ける、嫌う、またはいやいや行なう。
（g）（例えばおもちゃ、学校の宿題、鉛筆、本、道具など）課題や活動に必要なものをしばしばなくす。
（h）しばしば外からの刺激によって容易に注意をそらされる。
（G）しばしば毎日の活動を忘れてしまう。

（2）以下の**多動性－衝動性**の症状のうち6つ（またはそれ以上）が少なくとも6カ月以上持続したことがあり、その程度は不適応的で、発達水準に相応しない：

【多動性】
（a）しばしば手足をそわそわと動かし、またはいすの上でもじもじする。
（b）しばしば教室や、その他、座っていることを要求される状況で席を離れる。
（c）しばしば、不適切な状況で、余計に走り回ったり高い所へ上ったりする（青年または成人では落ち着かない感じの自覚のみに限られるかも知れない）。
（d）しばしば静かに遊んだり余暇活動につくことができない。
（e）しばしば“じっとしていない”またはまるで“エンジンで動かされるように”行動する。
（f）しばしばしゃべりすぎる。
【衝動性】
（g）しばしば質問が終わる前にだし抜けに答えてしまう。
（h）しばしば順番を待つことが困難である。
（o）しばしば他人を妨害し、邪魔する（例えば、会話やゲームに干渉する）。

B．多動性－衝動性または不注意の症状のいくつかが7歳未満に存在し、障害を引き起こしている。

C．これらの症状による障害が2つ以上の状況において（例えば、学校〔または仕事〕と家庭）存在する。

D．社会的、学業的または職業的機能において、臨床的に著しい障害が存在するという明確な証拠が存在しなければならない。

E．その症状は**広範囲性発達障害**、**精神分裂病**、またはその他の**精神病性障害**の経過中にのみ起こるものではなく、他の精神疾患（例えば、**気分障害**、**不安障害**、**解離性障害**、または**人格障害**）ではうまく説明されない。

病型に基づいてコード番号をつけること：

314.01　注意欠陥／多動性障害、混合型：
過去6カ月間、A1とA2の基準をともに満たしている場合。
314.00　注意欠陥／多動性障害、不注意優位型：
過去6カ月間、A1を満たすが基準A2を満たさない場合。
314.01　注意欠陥／多動性障害、多動性－衝動性優勢型：
過去6カ月間、基準A2を満たすが基準A1を満たさない場合。

自閉、多動が目立つようになってきた背景とメンタルモデル

榊原 洋一
Sakakihara Youichi

東京大学医学部小児科
発達神経学、神経生化学を専攻し、小児科医として発達障害児の医療に携わる。著書に『ヒトの発達とは何か』（筑摩書房）、『オムツをしたサル』（講談社）、『集中できない子どもたち』（小学館）、『「多動性障害」児』『アスペルガー症候群と学習障害』（ともに講談社+α新書）など。

はじめに

慢性的な経済不況や、少子化老齢化社会での将来への不安の増大のなかで、国民の教育に対する関心はいやがうえにも高まっている。最近はその上に、老齢化社会を将来支えてゆく子どもたちの心の問題が大きくクローズアップされてきている。子どもたちの教育をあずかる教師への期待と要求はますます大きくなってきている。

こうした背景のなかで、最近は学校における自閉症や多動症の子どもたちに社会的な関心が集まりつつある。本稿では、こうした関心の高まりの背景について概説し、自閉症や多動症の子どもを理解するためのヒントとなるメンタルモデルについて述べていく。自閉症や多動症の概念や症状についてはすでに他稿で述べられていると思うので、本稿では省略する。

1 なぜ学校において自閉症や多動症が目立ってきたのか？

この問いに対するもっとも典型的な説明は、自閉症や多動症が最近「増えてきた」とするものである。たとえば精神科医の福島章氏はその著書（『子どもの脳が危ない』ＰＨＰ新書）のなかで、多動性障害児が近年増加しているとし、その一つの理由として環境ホルモンによる脳障害の可能性をあげている。また筆者と同じく小児科医である片岡直樹氏は、最近自閉症が増えているとし、その原因としてテレビの見過ぎをあげている（『新潮45』01年11月号）。両者ともに、その推定原因を明確にしており、またともにその推定原因は除くことが可能であるという点では興味ある意見である。実際に環境ホルモンやテレビの見過ぎが原因になっているのか、きちんとした研究調

査が必要であることはいうまでもない。

しかし筆者は、福島氏や片岡氏の見解には同意できないのである。その理由は、世界中で行なわれてきたこれまでの多動性障害や自閉症の疫学調査で、その増加や地域差を明確に示したものがないということだ。

多動性障害（ＡＤＨＤ）の診断基準が確立してから二〇年以上経つが、その間に世界中から報告されるＡＤＨＤの頻度に増加傾向はみられていない。自閉症については、確かに登録される患者数の増加が報告されている。ただその増加の原因として、アスペルガー症候群などのいわゆる自閉症スペクトルムに含まれる疾患の定義がきちんとなされたために、見かけ上増加したためであろう、とされている。カナーの報告した典型的な自閉症も報告数は少し増えているが、これも自閉症の定義が周知されたためであり、真の発生数が増加したわけではないとするのが現在のおおかたの見方なのである。

2 集団行動ができない子どもが増えてきた？

数が増えたのでなければ、ではどうして最近問題になるようになってきたのであろうか？

これにはいろいろな説明が可能である。その一つは集団行動ができない子どもが増えてきた、というものである。集団行動をするには、自分の行動を他人に合わせる必要がある。そのためには、自分の行動を抑制しなくてはならない。本稿の最後に自閉症や多動症の子どものメンタルモデルを示して説明するが、自閉症や多動症の子どもは自分の気持ちをおさえ、他人の意思を理解して行動を合わせることが不得意である。もちろん多動症や自閉症のそういう行動特性は、昔も今も変わらないはずである。

しかし昔の教育現場では、子どもたちが集団行動をとることに、現在よりもずっと大きな教育的意味が付与されていたのではないだろうか。そうした集団行動への価値づけが、それから逸脱する子どもたちへの強い抑止力をつくりだしていた。学校でのルールに従えない子どもは、教師からだけでなく、子ども同士からも強い制裁が加えられていた。学校の友達が、地域社会での友達とほとんど一致していた昔は、学校で「仲間はずれ」にされるということは、地域社会でも仲間はずれになることを意味していた。

ところが現代の子どもたちの活動の場は、近所の子ども同士で形成される地域社会以外にもいくらでもある。塾や習い事を通じたグループや、スポーツ活動を介したグループなど複数のグループに属することが普通になった。またテレビやコンピューターゲーム、あるいはビデオの普及によって、ほかの子どもたちと集団でまったく遊ばなくても、一向にこまらない子どもたちも増えてきている。

かつては近所の子どもたちのグループから疎外されることは、学校だけでなく子どもの生活全般に及んで疎外されることを意味していた。自分の属する地域社会で集団行動がとれないことは、その子どもの生活全般において子どもが社会参加できないことに等しかったのである。子どももその家族も生きてゆく場を確保するために、社会参加をしいられていたといってもよいかもしれない。地域社会からの落ちこぼれを防ぐために、子ども本人も周りの大人も、帰属する社会に参加する努力をする必要があった。

ところが現在はそういった努力の必要性がなくなってきた。子どもは帰属する学校や地域社会にとけこめなくても、なんとか生きてゆける空間を確保することができる。集団からドロップアウトしても、なんとか生きてゆける場所があるのである。

集団を形づくっているほかの子どもたちも、集団の強い求心力をあまり信じていないので、自分の友人が集団から抜けても、友人を引き戻そうという働きかけを強くしなくなった。自分だって、あまり強い自己規制が必要になったら集団を抜け出したい、と思っている子どももいるかもしれないのだ。

3 ソーシャルスキルを身につける機会が減少した

他人と上手くやってゆくためのノウハウをソーシャルスキルとよんでいる。挨拶の仕方、あやまりかた、ほめかた、断わりかた、なぐさめかたといった人間関係を円滑にするための行動様式や言葉のことである。

多動障害や自閉的傾向のある子どもは、このソーシャルスキルがないか、あっても下手である。ソーシャルスキルを上手く身につける能力は生得的なものだが、上手い子どもでも生得的にソーシャルスキルが身についているのではない。ソーシャルスキルは「学ぶ」必要があるものなのである。

ではどうやって学ぶのか。それは教科書や教材を使って、教室で学ぶものではない。それは集団行動をするなかで学ばれる。集団といっても、大集団ではない。数人から一〇人ぐらいの小集団のなかで、ソーシャルスキルはもっとも効率よく学ばれる。

子どもの場合、それは仲良しグループであり、放課後夕方まで遊ぶ近所の遊び仲間の集団である。家族もソーシャルスキルを学ぶ場だ。たぶん学校でのクラスは、子どもにとってソーシャルスキルを学ぶことのできる最大限の大きさであろう。

数人のグループで遊んだり、家族で一緒に日常生活を送るなかで、子どもは基本的な人とのつきあいかたを学んでゆく。兄弟とけんかせずに、うまく自分のおやつやおもちゃを確保するためにはどうしたらいいか。親や教師から怒られたときにはどう振るまえば、いいか。野球やサッカーをしながら、どうやれば一番楽しいポジションを得ることができるか。友人をどうおだてれば、おもちゃを貸してもらえるか。近所の年上のガキ大将から気に入られるにはどうすればいいか。振る舞いかたによってはケンカや仲間はずれにされる、という危機感を感じながら、子どもたちはより自分に有利な役回りが得られるか、失敗しながらその方法（ソーシャルスキル）を身につけてゆくのである。

ところが前項に書いたように、そうしたソ

ーシャルスキルを身につける時間と場所が現代の子どもたちには少なくなってきている。学校の一斉授業では、子どもが工夫をこらす余地はない。教師と上手くやってゆくためには、テストでよい成績をおさめるか、クラスの決まりを守り、教師の言うことをよく聞く子どもになるほかないのだ。

しかし、これらはどれも自閉的な子どもや多動性障害の子どもにとって、もっとも苦手なことばかりである。昔は教室では必ずしも教師との間でうまくソーシャルスキルを発揮できなかった子どもでも、放課後に、近所の子どもたちと形成する社会で自分なりにソーシャルスキルを駆使して自分の地歩を固めることができた。ナンバーワンではなくても、小グループの中にそれなりの場所を見つけることができたのである。

4 横並びではソーシャルスキルが身につきにくい

多動性障害の子どもも、あるいは自閉的な子どもも、そうした小集団の中で下手なりに基本的なソーシャルスキルを身につけていたのではないだろうか。またそうしなければ、ほかに行くところがなかったのだ。近所の子どもたちで形成される地域の小集団には、その中にいるだけで、自然にソーシャルスキルを身につけざるをえない仕組みがあった。人工的に同年齢だけを集めてつくられたクラスと違って、近所の子どもたちの集団には、年齢差を軸とした能力差が厳然と存在していた。

教室の中では、建て前の上でみな平等だ。しかし「近所の子どもたち」集団は、年齢や腕力、あるいはスポーツの技量による厳然としたランク付けがあった。そのグループの中で、年齢でも腕力でも一番下であっても、その一番下であることを認めて振る舞えば、そこにとどまることが許されていたのだ。この場合「一番下であることを認めて行動する」ことが、ソーシャルスキルなのである。

人と比較するのは気が引けるが、人に一番近い類人猿であるチンパンジーも、安定した群れ社会を維持するためには、それぞれの個体が自分の位置を自覚して振る舞う、つまりソーシャルスキルを発揮することが必要なのである。

こうした豊かなソーシャルスキルの獲得の場が、地域の子どもグループが存続しにくくなった環境のなかで失われている。唯一残っている家庭というソーシャルスキルの獲得の場も、少子化で兄弟は減り、密室化で隣近所との交流が少なくなり、企業戦士である父親の不在のために、機能する集団ではなくなってきている。子どもは、塾や習い事から帰宅すると、テレビゲームやビデオで時間を費やし、数少ない集団行動の場である食事の時間も、家族がばらばらに孤食することによって機能しなくなってきている。

こうして、かつてはソーシャルスキルの獲得が下手な自閉的な子どもや多動性障害の子どもが、下手なりにソーシャルスキルを「学ぶ」ことのできた場が少なくなってきた結果が、集団にとけこめない自閉傾向や多動性障害の子どもが目立ってきた理由の一つなのである。

5 障害が細分化され、診断名が細かくつくようになった

前々項で自閉症という診断名で報告される子どもの数が増加した、と述べた。イギリスで行なわれた自閉症の疫学調査のレビューでは、一九六六年から一九九八年を前半と後半

に分けると、前半では一万人につき五・五人であった自閉症の発生率が、後半では七・二人に上昇していることが明らかになっている。

しかし増加の理由は、実際に発生率が増加したわけではなく、わかりやすい診断基準ができ、自閉症の発見が容易になったためであろうと結論している。自閉症は、かつては精神遅滞の一種とみなされていたし、多動性障害も本人の性格やしつけのせいにされていた。

現在、日本で多動性障害と診断される子どもたちが増加しているが、これは多動性障害の正式名である注意欠陥多動性障害（ADHD）という概念が広く社会的に認知されるようになったためであって、その発生率が急に増加したわけではないのだ。このように、これまでは分類不明の遅れや、気質や性格あるいは「くせ」とされた状態が分類され、診断名がつくようになったことも、見かけ上こうした発達障害が増加しているかのような印象を与えている原因の一つだろう。

もっとも、そうした障害のなかには近年になって増加したものもあるはずだから、きちんと吟味せずに見かけ上の増加だ、と決めつけないように注意する必要はある。

このように障害を細分類することに違和感をもたれる読者もおられるだろう。本稿では取り上げないが、自閉、多動とならんで現場の教師をなやませている学習障害にしても、ただ国語や算数が苦手、といえばいいのに「障害」なんてつけて、と憤慨している人もいるのではないだろうか。

しかし、このような障害の詳しい特徴を記述し、比較するなかから新しい分類をすることは、けっして「学問のための学問」をやっているわけではない。障害の特徴、共通点と相違点を明らかにすることは、その障害に対する対処の仕方を考えてゆくうえの第一歩なのだ。

世界中で医者や教育者が、こうした教育現場でつまずいている子どもたちに対する処方箋を試行錯誤しながら考案し、どれが一番よいか比較検討するときに、言葉の定義が国によって違っていたら、まったく客観的な比較のしようがない。ただ「算数ができない子」あるいは「授業中さわいでいる子」ではなく、きちんとした共通の診断基準を満たした「算数障害」あるいは「注意欠陥多動性障害」を使うことによって、厳密で検証に耐える比較が可能になる。

発達障害のさまざまな診断名をつけることに対してレッテル貼りだという批判があるが、具体的な対処方針を出すためには避けて通ることができないプロセスの一つであることをきちんと理解してほしいと思う。

6 自閉症のメンタルモデル
——心の理論不全モデル

自閉や多動が目立つようになってきた背景をこれまでに述べてきた。目立ってきた理由を理解することで、こうした発達障害への対応を考えることが容易になる。本稿ではさらに自閉、多動性障害の子どもが社会に適応しづらく、集団行動が苦手であることを、自閉症、多動性障害のメンタルモデルを使って説明したい。

自閉症や多動性障害の原因は、今のところまだ不明である。両者とも前頭葉機能の関与やドーパミン、セロトニンなどの脳内伝達物質の機能異常が指摘されているが、まだ確定的なものはない。このようにまだその本態が理解されていないにもかかわらず、自閉症や多動性障害の心のモデルが提唱されており、臨床的に有用である。

自閉症のメンタルモデルで現在もっとも注目されているのが、「心の理論不全モデル」である（なおこの名称は筆者が勝手につけたもので一般に認知されたものではない）。

心の理論とは、簡単にいってしまえば「人の心の中を洞察する能力」が人には生得的に備わっている、という考え方である。私たちヒトは、樹上生活をする霊長類が、たぶん気候変動によってもたらされたジャングルの減少によって、地面におり二足歩行を開始した祖先から進化してきたのだと考えられている。

樹上生活では、枝からぶら下がったり、枝から枝へと飛び移って行動する必要があり、距離感をしっかり知覚する必要がある。そのために他の四足哺乳動物のように横に目がついていたのでは都合が悪く、進化の過程で目が前面を向くようになり、三次元的な視野を獲得するとともに、相手の顔を見分けることができるようになったとされる。さらに人は顔面筋の複雑な運動による表情と、頭部を垂直に保つことによって生じた上下に長い咽頭を有効に利用した発声によって、相手に自分の意思や感情を伝えることができるようになった。

長々とヒトの進化について説明したわけは、ヒトが他人の心を読み取る能力に優れているのは、進化論的な理由があることを言いたかったからである。こうして人は習わなくとも、相手の表情や声色、仕種から相手の心の中を洞察する能力を身につけることができるのである。この他人（他の個体）の心の中を洞察する能力が人の基本的な心理能力であるというのが「心の理論」である。

心の理論を確認する簡単な課題を使って調べると、だいたい五歳になると子どもの心には心の理論が芽生えるとされている。子どもに教唆するときに、「そんなことしたら○○ちゃんはどう思うと思う？」「そんなことしたら○○ちゃんは嫌じゃないかな？」といった説明を使用できるのは、ちゃんと心の理論が完成している必要がある。心の理論の完成した子どもは、他人の心の動きを、言葉だけではなく表情や口調から敏感に感じ取る能力をもっている。ちょっとした声の調子や、顔つきだけで、他人が怒っているのか、喜んでいるのか理解することは容易だ。

ところが自閉症（おもにアスペルガー症候群）の子どもでは、この心の理論の発達が大きく阻害されている。意図的であるなしにかかわらず表情や口調から発散されている個人の感情や意思を、自閉症の子どもたちは感じ取ることができないか、苦手なのである。教室では教師が発するさまざまなサインをうまくとらえることができないのである。

自閉症の子ども（本稿では言語のまったくない重度の自閉症ではなく、いくぶん言語によるコミュニケーション可能な自閉症を想定している）は言語遅滞があるのが普通である。アメリカ精神医学会の診断基準（ＤＳＭ‐Ⅳ）でも、言語遅滞は自閉症のもっとも基本的な特徴としてあげている。

しかし、逆説的に聞こえるかもしれないが、言語を獲得した自閉症の子どもにとっては、言語が伝える一次的な意味の理解はむしろ一番容易な精神作業であって、一番困難なのはその言葉を発した他人の感情を理解することなのだ。相手の感情を理解することは、健常な乳児なら言葉を理解できなくても可能なタスクである。親の怒った顔を見れば、一歳児でもただちにその意味を理解して、泣き出す。ところが自閉症の子どもは、それができない。わかるのは他人から発せられた言葉のもつ意味だけなのである。

自閉症の子どものソーシャルスキルが発達しない理由は明白だろう。なぜならソーシャルスキルを身につけるためには、まず前提として相手の気持ちや感情を理解しなくてはならないからだ。自閉的な子どもに対しては、こちらの意図を本人に推察させるような指示の出しかた（「どうすれば、みんなが喜ぶかな？考えてごらん」）ではなく、明示的な指示を直接伝えるほうが効果的なのも、自閉症のメンタルモデルから容易に理解できるだろう。

7 多動性障害のメンタルモデル
――ワーキングメモリー不全モデル

多動性障害の子どものメンタルモデルとしては、ワーキングメモリー不全モデルがあげられる。

ワーキングメモリーとはなんだろうか？机に向かって、たとえば生徒たちの試験の採点を行なっている場面を想定してみよう。

まず私たちの意識は生徒たちの書いた答案紙上の文字や計算式に集中している。生徒の書いた答えを見たあと、私たちはすぐにその正解を思い浮かべ、それとの比較で○あるいは×をつける。しばらく採点を進めていたところ、普段は良い点をとっている子どもが簡単な問題を続けて間違えていることに気づいたとしよう。

そこで私は、最近のその子どもの授業中の様子を思い出してみる。そういえばいつも眠そうな顔をしていたことを思い出す。

目をあげると前の机で仕事をしている養護教員の姿が目に入ったので、最近の様子を聞いてみる。特に変わりはない、という答えを聞き、また答案の採点に入る。しばらく採点を続けていたところ、急に昨日休んだ子どものことを思い出す。

前学期は元気にしていたのに、今学期からよく休むようになった子どものことなので気になる。たしか保護者面談で、母親がなにか心配していたことを思い出した。

気になってその子どもの答案を見返してみる。思った通り、できがよくない。

採点場面の心の中の動きを既述したこの文章のうち、ゴチックの部分は、現在自分が行なっている活動に直近に関係している精神的活動である。それ以外の部分は、ある程度古い記憶を呼び出してその記憶内容を検討する作業である。

ワーキングメモリーは現在行なっている行動に関係した精神的な作業の手順と、それに関連した参照記憶をとどめておく場所である。コンピューターに例えると、ランダムアクセスメモリーがワーキングメモリーにあたる。それに対してある程度古い記憶をとどめておくところは、ハードディスク内の記憶ということになる。人の脳でワーキングメモリーの機能は右の前頭葉にあるだろうと推定さ

れている。ワーキングメモリーの機能をまとめると、

①今やっていることを意識にとどめておく
②今やっていることを続けて行なう
③順を追って行なう作業の模倣
④今やっていることを過去の記憶と比較する
⑤これからやることを過去の記憶と比較する
⑥少し先まで推測する
⑦現在の自分の状態を省察する
⑧時間経過の意識
⑨一定のルールに従った作業の遂行
⑩個々の作業の前後関係の調節

などとなる。

　このように書き出すと複雑になるが、ワーキングメモリーには、特別に昔の記憶を想定しないで意識の中にとどめているすぐに使う直近の記憶と、現在行なっている行動（作業）を遂行するのに必要な作業手順があるといっていいだろう。ワーキングメモリーがうまく作動するおかげで、私たちは常に脳の中に入ってくるさまざまな外界やからだの内部からの感覚刺激や、膨大なこれまでの経験の記憶にわずらわされずに、行動（作業）を続けることができる。

　ところが多動性障害の子どもでは、このワーキングメモリーがうまく作動していない。たとえば、現在なにか作業をしていても、外界からの感覚刺激があると、すぐにその刺激がワーキングメモリーの主要な中身に置き換わってしまうようなものだ。あるいはコンピューターの例えでゆくと、いまワープロで字を書いている作業をしていたところに、急にグラフィックのソフトに置き換わってしまうようなものである。また作業の途中で古い記憶（メモリー）にアクセスしたとたんに、そこからもとに戻れなくなってしまうようなことが、多動性障害の子どもの脳の中で起こっているのである。

　以上の説明から容易にわかるように、多動性障害の子どもは、長い間一定の作業手順に従って続けなければならないような作業は苦手である。また古い記憶に頻繁にアクセスしなければならないような精神作業も苦手だ。できるだけ、ワーキングメモリーと古い記憶の間を行き来するような精神活動を必要とする作業を避けるようにすることがポイントなのである。

（№68、二〇〇二年冬号所収）

LDのある子どもの理解と対応

――学校と家庭に求められること

宮本 信也
Miyamoto Shinya
筑波大学心身障害学系

1 LDの定義

現在、わが国において、学習障害（Learning Disabilities . LD）は、「学習障害及びこれに類似する学習上の困難を有する児童生徒の指導方法に関する調査研究協力者会議（文部省協力者会議）」によって**表1**のように定義されています。

この定義の要点は、①全般的知能に大きな問題がない、②「話す、聞く、読む、書く、計算する、推論する」の一領域以上に問題をもつ、③中枢神経系の機能障害が背景に推定される、とまとめることができます。基本的に、LDは、認知面の特徴によって規定されている概念です。したがって、落ち着きのなさや集団逸脱行動などの行動特徴は、LDを意味する（規定する）ものではないことに留意しなければなりません。

2 LDの下位分類

LDの子どもたちが示す状態像は多彩で、背景も一様ではありません。つまり、すべてのLD児に共通する特定の症状はないのです。そのため、LDをいくつかのタイプに分けることが行なわれます。LDの下位分類は、症状（問題）特徴か神経心理学的特徴を基準として行なわれることが多いのです。分けられた各タイプは、お互いに合併することもあります。

(1)「問題」からみた下位分類

わが国におけるLD研究者の第一人者である上野一彦氏は、LD児が示す問題ごとによるタイプ分けを提唱（**表2**）、子どもたちの問題が示される分野別にタイプ分けをしています。子どもたちが実際に示す問題の領域で分ける方法なので、直接の観察で行なうことができ、現場でも容易に使用できる分類です。

ただし、ある領域の問題を示す子どもがすべてLD児とは限らない点、また、LDの本質的障害である認知障害と、合併する行動障害などの問題を同列に扱っている点で、この類型化はLD以外の問題をもつ子が入っている可能性があることに注意する必要があります。

(2) 心理機序からみたLDの下位分類

外に表われた問題そのものではなく、その問題を生じさせている神経心理学あるいは認知心理学的特徴によるタイプ分けもよく行なわれます。**表3**は、その代表的分類を示したものです。

この類型は、ときに、前述の問題領域別の類型と混同されていることがあります。たとえば、「言語性LDは言語領域に問題をもつLD、非言語性LDは言語以外の領域に問題をもつLD」といった具合です。

これは正しくありません。たとえば、文字の読み書きができないという『学力のLD』児であっても、ある子どもは言語情報処理がうまくできないためであって言語性LDとされ、別の子どもは視覚情報をうまく処理できないためと判断され非言語性LDとされることがありえます。つまり、同じように文字言語に問題がありながら、言語性LDのこともあれば非言語性LDのこともあるからです。

このタイプ分けを行動観察だけで行なうのは困難です。言語処理能力、視空間認知能力、注意力、短期記憶能力などを、評価できる心理検査を用いて評価していくことになります。

(3) 医学における「LD」の下位分類

いわゆるLDに相当する医学領域の疾患は、**表4**のようになります。

医学領域では、厳密な意味での学習障害は、読字、書字、算数の三領域の障害に限られています。この場合、医学における学習障害は"Learning Disorders"と表現され、LDの

表1　LDの定義

学習障害とは、基本的には全般的な知的発達に遅れはないが、聞く、話す、読む、書く、計算する又は推論する能力のうち特定のものの習得と使用に著しい困難を示す様々な状態を指すものである。学習障害は、その原因として、中枢神経系に何らかの機能障害があると推定されるが、視覚障害、聴覚障害、知的障害、情緒障害などの障害や、環境的な要因が直接の原因となるものではない。

（学習障害及びこれに類似する学習上の困難を有する児童生徒の指導方法に関する調査研究協力者会議〈文部省協力者会議〉、1999）

表2　「問題」からみたLDの各タイプ

1．学力のLD	読み・書き・算数の問題
2．ことばのLD	聞く・話すことの問題
3．注意力のLD	注意集中の問題
4．運動のLD	協調運動の問題
5．社会性のLD	集団行動・対人行動の問題

表3　心理機序からみたLDの各タイプ

1．言語性LD	言語情報の処理障害
2．非言語性LD	視空間情報の処理障害
3．注意・記憶性LD	注意力・短期記憶の障害
4．包括性LD	複数の能力の複合的障害

表4　医学における「LD」の各タイプ
（発達の部分的障害〈特異的発達障害〉）

1．学習障害
　1）読書障害
　2）算数障害
　3）書字表出障害

2．コミュニケーション障害
　1）表出性言語障害
　2）混合性受容―表出性言語障害

3．運動技能障害
　1）発達性協調運動障害

″Learning Disabilities″とは異なります。LDの基本的障害は、「話す、聞く、読む、書く、計算する、推論するのどれか一つ以上の障害」とされていますが、医学領域では、「推論する」を除き、LDの個々の領域障害ごとに、それに該当する診断名（類型）が割り当てられていることになります。

(4) 各分類の相互の関係

表5に、各分類の相互の関係を示します。

表5　各タイプの相互関係

問題からみたタイプ	心理機序からみたタイプ	医学領域における発達障害としてのタイプ
学力のＬＤ	言語性ＬＤ 非言語性ＬＤ 注意・記憶性ＬＤ 包括性ＬＤ	学習障害 (learning disorders)
ことばのＬＤ	言語性ＬＤ 包括性ＬＤ	コミュニケーション障害
注意力のＬＤ	注意・記憶性ＬＤ	注意欠陥／多動障害
運動のＬＤ	非言語性ＬＤ 包括性ＬＤ	発達性協調運動障害
社会性のＬＤ	言語性ＬＤ 非言語性ＬＤ 注意・記憶性ＬＤ 包括性ＬＤ	注意欠陥／多動障害 広汎性発達障害

教育・心理の領域では、各類型をまとめて「LD」ということが可能ですが、医学領域では、表に示されている各疾患をまとめて表わす診断名は存在しません。どちらにしても、適切な対応方法を考えるためには、LDと思われる子どもがどのようなタイプになるのかを検討するよう努めるべきです。

3　LDの原因

LDは、「中枢神経系の機能障害が推定」されていますが、その機能障害を引き起こしている原因については、まだわかっていません。読みの障害のあるLDに関して、大脳側頭葉のある部分の大きさの違いや、神経細胞の並び方の異常が報告されていますが、読み障害との因果関係は不明です。

一方、LDと同様の症状を示すことのある身体疾患が知られています。その代表は、染色体異常です。特に、性染色体異常では、一般に大きな知能の問題は示さず、認知能力のアンバランス差が認められることが多です。たとえば、正常女児では二本あるX染色体が一本しかないターナー症候群という疾患では、視覚認知に特有の障害を示しやすいことが知られています。しかしながら、通常のLDにおいては、そうした背景疾患をもたないものがほとんどなのです。

LDは、おそらく先天性の脳のなんらかの問題を背景としているものでしょう。そして、LDがいくつかのタイプに分けられることを考えるならば、すべてのLDに共通する脳の異常というものは、おそらく存在しないであろうと思われます。LDの個々のタイプごとに、脳の問題も異なっている可能性が考えられます。

4　LDにみられる症状

LD児にはさまざまな症状（問題）が認められることが少なくありません。それらは、LDの基本症状と合併症に分けることができます。

基本症状とは、LDであれば必ず存在するものです。合併症はLD児に出現しやすい他の問題で、さらに、発達・身体面の合併症と行動・精神面の合併症に分けられます。

発達・身体面の合併症は、LDを引き起こしている「原因」によって、やはり生じているものです。つまり、なんらかの「原因」があり、そのためにLDも起こっているし、発達・身体面の問題も生じていると考えられるものです。

一方、行動・精神面の合併症は、LDを背景としていろいろなストレス状況を経験していくなかで、二次的に生じてくるものがほとんどと考えられます。そのため、「二次障害」という表現で呼ばれることもあります。

基本症状と合併症の組み合わせにより、LD児たちが示す状態像は、基本的に四つになります（**表6**）。

LDのみとは、LDの基本症状以外の問題をもたないものです。しかしながら、このLD児たちは、学校現場で問題にされることは少ないです。問題行動を示さず、特定の学業成績が不良なだけの子どもは、教師から励ましを受けるくらいで済まされてしまうからです。

LDの状態に合併症が重なっている子どもたちは、その合併症のほうで問題とされ、あるいは、気づかれ、相談の場にあがってくることが多くなります。

このように考えるならば、学校現場で最も問題とされやすい行動・精神面の問題をもつLD児たちが、結局、相談に連れてこられるLD児たちの〝代表〟となってしまうことが理解されるでしょう。

みられる症状の具体的なものを示したのが**表7**です。これらの症状の組み合わせにより、多彩な臨床像ができあがることになります。

表6　LDの状態像

1．ＬＤのみ
2．ＬＤ　＋　発達・身体面の合併症
3．ＬＤ　＋　行動・精神面の合併症（２次障害）
4．ＬＤ　＋　発達・身体面の合併症　＋　２次障害

表7　ＬＤにみられる症状

1．学習障害としての基本症状（必須）
話すことの問題：まとまった（筋だった）文章として話せない
聞くことの問題：話されたことばが理解できない
読むことの問題：音読ができない・読解が苦手
書くことの問題：文字が書けない・文章が組み立てられない
計算することの問題：計算ができない
推論することの問題：算数の証明問題ができない（図形問題を含む）

2．よく認められる症状
1）発達面の問題
発達性言語障害：話しことばの表出面の遅れ
発達性協応運動障害：不器用・バランスが悪い
2）行動面の問題
注意欠陥／多動障害：多動・注意力障害・衝動性
注意欠陥／多動障害としての社会的行動の問題
集団行動困難・一方的・対人関係維持困難
適応障害としての問題行動：不登校・攻撃的行動・反抗挑戦性障害
3）情緒精神面の問題
一般心理特性としての問題：自尊心低下・自信喪失・敏感性・対人緊張・頑固（融通がきかない）
適応障害としての精神面の問題：不安状態・抑うつ状態

3．ときに認められる症状
1）身体面の問題
てんかん
2）心身両面の問題
睡眠障害：夜驚・夢中遊行・悪夢
チック障害：Tourette症候群・慢性チック障害・一過性チック障害
3）行動面の問題
崩壊性行動障害：行為障害
4）情緒精神面の問題
習癖
行動異常：緘黙・抜毛・自殺企図

4．稀に認められる症状
1）情緒精神面の問題
神経症性障害：抑うつ状態・不安神経症・対人恐怖・強迫性障害

5 LDの判断基準

LDの定義では、LDかどうかの判断はできません。そのため、文部省協力者会議は、専門家チームがLDの判断を行なうための基準を提唱しています。医療機関によるものではないため、「診断」という用語ではなく、「判断」という用語が用いられているものと思われます。

表8は、その判断基準を整理したものです。この基準項目すべてに該当する場合、その子どもはLDと判断されることになります。LDの判断のためには、知能検査は欠かせないものとなりますが、知能検査による認知面のアンバランスさの証明は、判断基準の一項目にすぎないことに注意したいです。時に、WISC知能検査の結果がアンバランスであることだけでLDとされている事例をみかけることがありますが、そうした判断は適切ではありません。

表8　専門家チームによるLD判断基準

1．知的能力
全般的な知的発達に問題がない。
認知能力にアンバランスがある。

2．国語又は算数の基礎的能力に著しいアンバランスがある。
1～2学年以上の遅れ

3．他の障害や環境的要因によるものではない。

（文部省協力者会議、1999）

6 LD児への対応

表9は、LD児へ対応するための基本を示したものです。

LDに限らず、発達障害のある子どもへ対応するのは、とりあえずは、今、目先の問題を改善することを目標とするにしても、最終的には、子どもたちの健全な人格形成を目的としていることを忘れてはなりません。

読み障害がある子どもが少しでも読めるように支援することは大切なことではありますが、読めるようになることだけが目的となってしまってはいけません。なぜならば、LDの子どもたちの学習能力の問題は、「障害」としてできないのであって、やり方を工夫したり努力で問題がなくなってしまう性質のものではないのです。彼らが困難を感じている点の改善には、どうしてもある程度の限界があるからです。

LDというハンディキャップをもちながら

表9　LD児への対応目標

目　　標：健全な人格形成

具体的方法：周囲が困る行動の改善
学習支援
情緒の安定化
発達課題の達成支援

表10　周囲が困る行動への対応

1．注意集中困難に対して
1）刺激の統制：不要刺激の除去（環境統制）
刺激の単純・明快化・強調化
2）時間の統制：課題時間の限定
課題内容の交換

2．多動に対して
活動エネルギーの発散

3．衝動性に対して
子どもの希望聴取と具体的行動指示

4．子どもの自己コントロール力の強化
1）自己の衝動性・攻撃性への気づき
感情変化の手がかりへの気づき促進
2）感情処理手段の拡大
具体的な処理行動の提示・訓練
3）援助要請行動の獲得
困難場面の整理
それに応じた援助要請行動の提示・訓練

5．薬物（状況に応じて）

も、生活のなかで生じてくる問題に、そのつど対処していこうという意欲をもち続けられるような健康なこころを育てることが目標なのです。学習支援も、問題行動の改善も、この目標のための手段なのです。

(1) 周囲が困る行動への対応（表10）

①注意力障害への対応

注意を向けさせやすくするためには、刺激の統制を行ないます。刺激の統制は、必要な刺激（情報）の強度を直接高めることと、必要な刺激以外の刺激の強度を弱めることで行なわれます。

刺激の強度を高める方法の基本は次のようになります。

ことばによる教示、説明の場合は、具体的な用語を用い、短い文章で話すようにします。必要な情報は、「今、ここで、何をするか」、あるいは、「これは、何なのか」ということです。それ以外のよけいなことは言わないほうがよいのです。

教師は、前置きや理由を言ったり、教示の後に子どもの理解度を確認することを繰り返す傾向があります。そうした「余分な話」は、子どもの注意力を散漫にしやすいのです。

複数の教示を同時にしないような配慮も必要です。文字や図形など、視覚的な刺激の場合は、線を太くする、色分けする、部分部分に印を付ける、などがよいでしょう。板書の文字の色を一行おきに変えたり、印を付けることで、「黄色の行を見て」、「今は○印の行のところを話しているよ」などの教示で、子どもの注意を必要なところに向けさせることができます。

周囲の刺激を弱めるためには、余分なものをなくする、見えなくするのが基本です。教室のなかを常にシンプルにしておく必要はありませんが、授業に応じて、その授業の前に子どもの注意を引きそうなものを片づけるという方法もよいでしょう。

この場合、片づけたものが見えなくなるような箱や場所が必要です。扉やカーテンのついた棚でもいいのです。黒板やその周囲にいろいろな物を貼るのも控えたほうがよいでしょう。刺激統制により注意転動性（気の散りやすさ）が抑制されたとしても、注意持続困難の問題があるため、そうして向けられた注意力が続かないことはしばしば認められます。

この問題に対応するためには、その子どもの注意持続力を把握しておくとよいでしょう。どれくらいの時間なら集中できるのかを、日常の観察・保護者からの情報から評価しておくのです。課題に際して、得られた子どもの注意持続時間の三分の二から四分の三を目安に、子どもにことばをかけたり、やっていることを確認したりなど、なんらかの注意を再び引き戻すような働きかけを行ないます。また、注意持続時間を単位として、その時間ごとに異なる課題を与えるようにしてもよいでしょう。

②多動性への対応

多動性が激しくじっとしていられない場合、課題・授業の前に、その活動性を発散させるのが有効です。走るなど、なんらかの運動を行なわせるのがよいでしょう。

この場合、その子どもだけに走ることを指示しても、うまくいきません。教師も一緒に運動するのがよいのです。運動という形を取らず、鬼ごっこなどの遊びの形態で行なうのもよいでしょう。

課題学習の間に、なんらかの形で身体を動かす時間を定期的に設けるよう時間割を工夫してもよいでしょう。

表11　学習面への対応

1．**学習意欲の育成**
好きな学習・得意な学習中心に
不得意領域の学習には限度設定
できたところをほめる対応
相対評価ではなく、絶対評価で

2．**困難領域の学習支援**
1）学習上の問題の検討
学力の確認
不得意領域の確認
誤り方のパターンを整理・分析
2）教育方略の検討
得意領域の確認
得意領域の特徴整理・分析
誤り方のパターンを得意領域の特徴でカバーできるか検討
3）具体的指導計画の作成
検討結果に基づいて個別教育計画（IEP, individual education plan）作成

③衝動性への対応

衝動的に予測不能な行動を行なう子どもに対して行なうことは、行動が起こってしまう前にワンステップだけ時間稼ぎができるような行動を教えることです。

子どもが衝動的な行動、特に乱暴で危ない行動や攻撃的な行動をした場合、その理由を尋ねるのではなく、『何をしたかったのか』を尋ねます。うまく子どもから回答が得られたならば、『それならば、あんなふうにしないで、こうすればいいんだよ』と、代わりの行動を具体的に教示するのです。代わりの行動としては、まわりに自分が何かしたい、ということを示すような行動、たとえば手を挙げる、「先生！」とさけぶなどの行動や、嫌なことをされたときに「それは嫌だ」と自分の気持ちを言うことを教えていくのです。

こうした代替行動は、単にことばで教えるだけでなく、実際にロールプレイのようにして教師との間でやってみることが望ましいです。言われただけでは、実際の行動として出にくいからです。

④自己コントロール力の強化

これは、年少児では困難であり、年長児に対して考えるとよい方法です。基本的には、自己の感情変化に気づき、爆発する前に適切な代替行動をとることができるように指導、訓練する、ということになります。

自己の感情変化に対しては、イライラ・怒りなどわかりやすい感情への気づきを指導し、攻撃的な感情が生じた場から物理的に離れる行動を教示していくとよいでしょう。あるいは、患児に適切に対応できる大人へ接近する行動や、自分の状態を伝えるような行動でもよいです。

(2) 学習面への対応（表11）

無理のない範囲で学力の保障を行なうことは大切です。得意な部分を伸ばすことで自信をもたせることができ、苦手な部分が少しでも前よりできるようになることで失敗体験による自尊心の低下を防ぐことができるからです。さらには、一定の学力を保つことは、本人の進路の選択肢を広げることに役立つからです。

LD児たちは、学習がうまく進まない体験の連続により、学習意欲が低下していることが多いのです。学習面へ対応する場合、まず、学習意欲の回復、維持から手をつけるのがよいでしょう。そのためには、苦手な部分よりも得意な部分から始めるのがよいでしょう。

苦手な部分への対応を適切に行なうためには、LD児の下位分類の判定が必要です。問題による下位分類は、LD児の理解と指導方向をみるうえで、教師にとって最も行ないやすく、理解しやすいものの一つです。タイプ判断が、日常の学習状況や行動観察から行なえるからです。

タイプ分けにあたって迷う場合には、子どもの示す問題を具体的に箇条書きで記述し、それを前述の表2の五つの問題領域に当てはめていくとよいでしょう。この作業により、その子の問題点が浮かび上がってきやすくなります。

たった五つの類型ですが、その子どものもつ問題領域を大きく把握するのに役立ちます。ある子どもを単に「LD」と言うよりも、「何々のLD」としたほうが、その子どもの問題をイメージしやすくなります。担任教師が、その子のことを他に相談するときにも有用でしょう。

問題別のタイプ分けは、また、その子のどの部分に配慮すればよいかも教えてくれます。たとえば、ことばのLDと判断された場合には、話しことばでの理解・表出に問題があることを意味するわけですから、その子にことばで説明するときには、説明をかみ砕いたり、複雑な文章で言わないような配慮をする、などです。

心理検査を行なうことが難しい学校現場においては、このタイプ分けを基に指導の糸口を探っていくこともできるでしょう。

類型化により問題領域が選定されたら、その問題状況の詳細な観察を行ないます。このとき、どれだけできたか、どんな問題を起こすのか、という結果だけではなく、どのような間違い方をするのか、どのような状況で問題が起こり、どのようになっていくのかなど、問題の生じる過程をよく観察することが大切です。そして、そこに一定の間違い方のパターン（似た字を書くが、書いては消しているうちにわからなくなっていく等）や、問題行動の起こり方のパターン（一緒に遊びたいときに乱暴な行動をしてしまう等）がないかどうかを見るのです。一定のパターンが見つかったならば、そのパターンを改善するための方法を考えるのです。

また、心理機序による下位分類（表3参照）も、LD児の学習指導にあたって有用です。

言語性LDと判断された場合には、言語情報、特に、聴覚性言語情報の処理が困難であるので、音声言語による情報は伝わりにくく、視覚情報の手がかりの使用方法がポイントとなってきます。

非言語性LDの場合には、視空間情報の処理困難から、視覚刺激において混乱が生じやすくなり、聴覚刺激の手がかりを考える必要が出てきます。

このように、この類型は、その子が苦手な情報処理様式を示してくれるので、逆に得意な情報処理用式を用いる方法を示唆してくれることにもなります。

学力の保障のためには、学校以外に個別指導の場があるのが望ましいです。家庭教師か個別の塾のようなものがよいでしょう。

保護者は、学力保障には関わらないほうがよいです。保護者は、子どもができない状態を見ていると感情的になりがちであり、本来の役割である子どもの気持ちの支えでいることが難しくなってしまうからです。

(3) 情緒面への対応（表12）

子どもが自分自身の存在に自信がもてるようなことばかけや態度が重要です。子どもの

表12　情緒面への対応

1．自尊心の回復・維持のための工夫
- 1）受容・共感的態度で子どもの話を聴く姿勢を
  「それじゃ、つらかったね」など
- 2）顔を見たら一言よいことばかけを（特に学校でしてもらう）
  「元気そうだね」、「今日はいいお顔」など
- 3）問題がなかったときこそほめるとき
- 4）時間の共有を（特に家庭で）
  一緒に過ごす時間を持つ

2．注意・叱責の工夫
- 1）注意・叱責は、回数を少なく強く短く
- 2）自己反省を促すのではなく、具体的な代替行動を教示する
- 3）できないことを叱らない

行動・意見に対して、ほめたり、感心してみせたり、こちらが関心をもっていることを告げたりするとよいでしょう。できれば、クラス全体に、お互いに認め合う雰囲気をつくれるとよいでしょう。

たとえば、毎日、授業の最後に、子ども一人ひとりの「今日のよいこと」をみんなで考えて評価し合うようにするなどです。

基本は、受容と共感ですが、特に共感的理解が大切です。

共感的理解とは、子どもの気持ちに寄り添うだけではなく、「私はあなたがこんなふうに感じたのかなと思ったんだけどそれでいいのかな?」という態度です。単なる相づちだけではないことで、子どもは、自分のことを理解しようとしてくれているという思いを感じることができるのです。また、子どもが自分自身の存在に自信がもてるようなことばかけや態度も重要です。

叱責は、回数は少なく、その代わり、叱るときは強く短く叱る、というのが原則です。

叱るときとは、他人・周囲や自分に危害が及ぶような事柄をしたときです。それ以外の場合は、叱責ではなく、どのようにすればよいのかを教え諭すような注意をするのがよいでしょう。なぜ、そのようなことをしたのかを延々と追求したり、自分で考えてみるような指導は有効ではありません。

そうではなく、端的に、このやり方はうまくなかった、こんなふうにすればよかった、今度からはこんなふうにしてみよう、ということを伝えるのがよいのです。

7 家族の役割

繰り返しになりますが、LD児へ関わることの本当の意味は、彼らのこころを健全に育てることなのです。このことは、LD児たちの長期予後に最も影響を与えるのが、学力ではなく、情緒面の安定であることからもいえます。

このことを理解するならば、家族がやるべきこと、やったほうがよいことがわかりやすくなります。家族、特に、保護者の役割は、LDのある子どもを「育てること」です。決して、LDのある子どもの「訓練や教育ではない」のです。親は、訓練者や教育者にならないほうがよいのです。訓練や教育の立場になると、訓練や教育しなければならないところ、つまり、子どものできないところばかりに目がいきやすくなってしまうからです。

子どもには、自分ができないところ、自分の嫌なところ、そうしたネガティブな部分も含めて丸ごと受けとめてもらう体験が必要なのです。そうした体験を通して、子どもは、ネガティブなところのある自分自身をそのまま受け入れることができるようになり、そうした自分を好きになることができるようになるのです。そうして自分を好きになれた子は、他の人に対する思いやりももつことができていくのです。

「漢字が書けなくても、あなたはあなた。私たちの大切な子どもであることに変わりはないのよ」という態度が大事であると考えています。

（No.68、二〇〇二年冬号所収）

ＬＤの理解と支援
——〝特殊教育〟から個に応じた〝特別支援教育〟へ

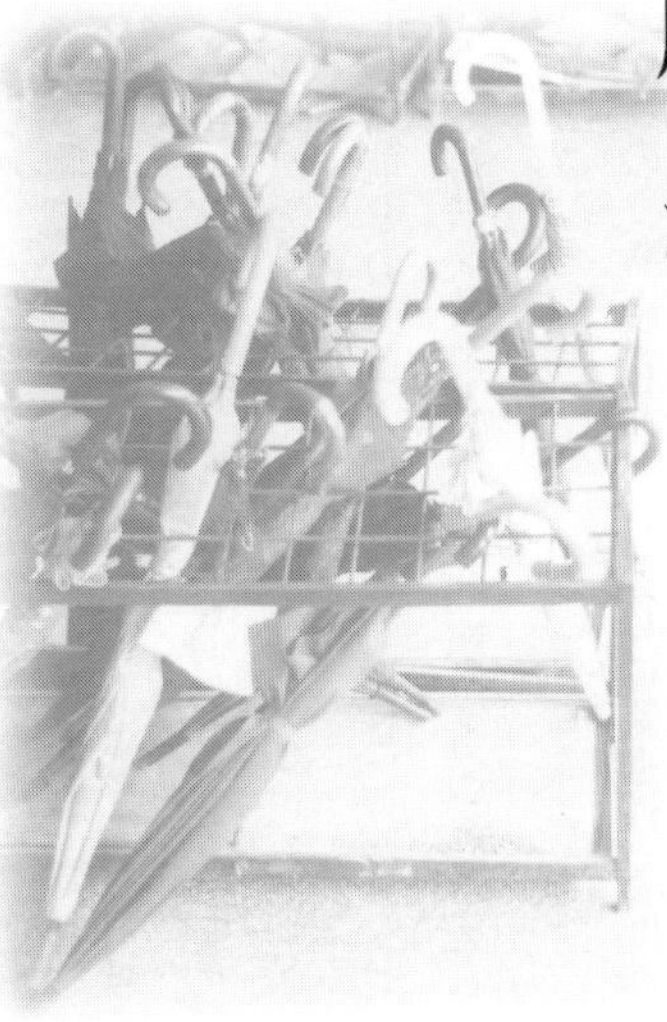

花熊　曉
Hanakuma Satoru
愛媛大学教育学部障害児教育講座

はじめに

いま学校現場では、通常の学級に在籍し、全般的な知的発達に遅れがないにもかかわらず、発達上のつまずきのために、学習やクラス適応に困難を示す子どもたちへの教育的対応が大きな課題となっています。

一般に「ＬＤとその周辺児」と呼ばれるこれらの子どもたちは、通常の教育方法では、そのニーズが十分に満たされない一方、これまでの特殊教育の対象にもあてはまらず、いわば通常の教育と特殊教育の「谷間」に落ちこんだような状態におかれています。

わが国で、こうした子どもたちへの支援のとりくみが始まったのは、ほんの一〇年ほど前のことですが、この一〇年間のとりくみによって、学校における支援のあり方がかなり明確になってきました。また、効果的な教育支援を可能にする学校システムが論じられるなかで、これまでの考え方を一新する「特別支援教育」の理念が提唱されています。

「ＬＤとその周辺児」という広義の教育的概念には、ＬＤ（学習障害）、ＡＤＨＤ（注意欠陥多動性障害）、高機能ＰＤＤ（広汎性発達障害）などが含まれますが、ここではＬＤの問題を中心に、その理解と支援のあり方、そして、支援のとりくみが学校教育にもたらすものについて述べたいと思います。

1　ＬＤとは

(1)　ＬＤの定義

ＬＤ（学習障害）とは、知的発達に全般的な遅れはないのに、学習の基礎となる心理的諸能力の発達に偏りがあるために、教科学習の困難、運動の拙さ、クラス適応の問題などを示す状態の総称です。

ひとくちにＬＤといっても、その状態は本

当にさまざまで、子どもが示すつまずきのどの部分に注目するかで、定義も異なってきます。たとえば、医学でいうLD（Learning Disorders）は、「読み・書き・算数」という教科学習の困難に限定した定義です。これに対して、教育でいうLD（Learning Disabilities）はもっと範囲が広く、「聞く・話す」の困難を含めることが一般的ですし、「運動面・社会性・行動面」の困難すべてを含める考え方もあります。

わが国で一般に用いられているのは、文部省（当時）の調査研究協力者会議が一九九九年の最終報告で示した次の定義です。

学習障害とは、基本的には全般的な知的発達に遅れはないが、聞く、話す、読む、書く、計算するまたは推論する能力のうち特定のものの習得と使用に著しい困難を示すさまざまな状態を指すものである。学習障害は、原因として、中枢神経系に何らかの機能障害があると推定されるが、視覚障害、聴覚障害、知的障害、情緒障害などの障害や、環境的な要因が直接の原因となるものではない。

この定義は、「聞く・話す」と「読み・書き・計算」の困難を中心としたものですが、報告のなかでは、行動上の問題や社会性の問題、運動の拙さなどにも配慮が必要なことが述べられています。

ところで最近、LDに加えてADHD、高機能PDDといった概念が次々に提唱されたために、学校現場の先生方の間では一部に混乱も生じているようです。この三者の区別は専門家でもなかなか難しいうえに、教育用語と医学用語が入り乱れているものですから、はじめは理解しづらいのですが、大きくは**図1**のように捉えるとよいでしょう。

図に示したように、これら三つの障害はいずれも脳の働きの問題から生じますが、働きの不十分な部位が異なり、LDは学習に必要な認知システムに、ADHDは注意や行動の計画・統制を司る行動システムに、そして、高機能PDDは人間関係の発達に必要な対人・情動システムに主な問題をもつと考えられます。

このうち、LDとADHDは親近性が高く、LDの約三分の一がADHDを、ADHDの半数以上がLDを併せもつといわれています。これに対して、広い意味での自閉症（自閉スペクトラム）である高機能PDDは、LDやADHDとは性質が異なる障害で、教育的な配慮・支援の内容もかなり違っています。

図1　LD、ADHD、高機能PDDの比較

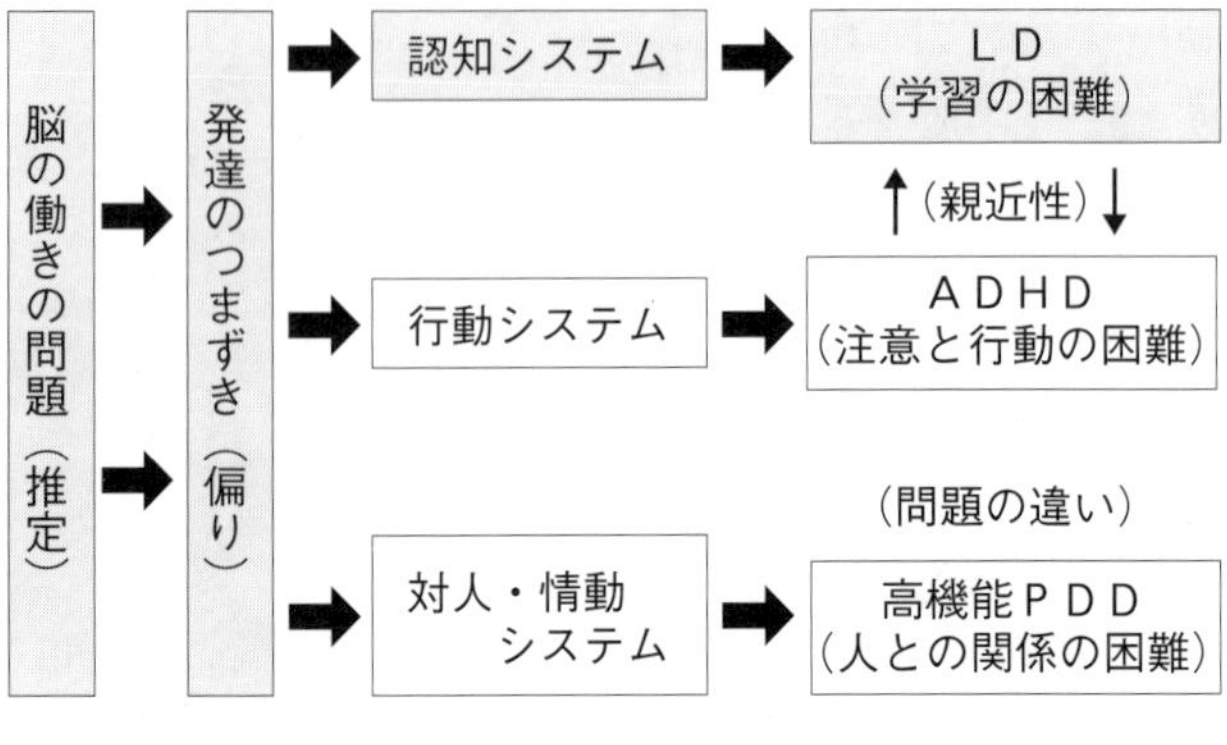

(2) LDのタイプ

前節で述べたように、ひとくちにLDといっても、その状態は実にさまざまですが、診断知能検査の結果に表われた特徴から、大きくは次の三つのタイプに分類されています。

①言語性ＬＤ

聞く力やことばの理解と表現につまずきがあるために、ことばを用いた学習課題を苦手とするタイプ。言語能力はすべての学習に関係するため、国語や算数の文章題をはじめとする教科学習全般に困難を示しやすい。ことばの理解や表現がうまくできない場合は、友人関係にも問題が生じる。ＬＤのなかでは、もっともよく見られるタイプである。

②非言語性ＬＤ

文字や図形といった視覚的な情報の把握と構成が苦手で、漢字学習や算数の図形課題、図画工作などに困難がみられる。また、ことばの理解や表現はよくできても、相手の気持ちやその場の状況を考えずに発言することが多いので、友人関係やクラス適応に問題を生じやすく、言語性ＬＤにくらべて不登校の頻度が高いといわれている。

③注意・記憶性ＬＤ

見たこと、聞いたことの記憶（短期記憶）や物事の細部への注意が苦手で、九九や漢字の学習が定着しにくい。聞いたことの記憶が苦手な子どもは、周囲から「ちゃんと聞いていない」と誤解されやすい。また、見たことの記憶が苦手な子どもは、書き写しに時間がかかり、写しまちがいが多くなる。

このほかに、言語性もしくは非言語性の問題に注意・記憶の問題が合併した「重複性ＬＤ」、言語と非言語の両方に問題をもつ「包括性ＬＤ」などがあります。もちろん、こうしたタイプ分けは、およその目安にすぎません。子どもの示す困難はさまざまですから、一人ひとりの子どもをよく見ていく必要があります。

2 クリニックから学校へ

それでは、こうした困難をもつＬＤの子どもたちに、どのような支援を行なっていけばよいのでしょうか。

ＬＤ支援の本格的なとりくみは、今ようやくスタートラインについたところですが、過去一〇年間に全国各地で行なわれた試行的なとりくみから、支援の基本方針やシステムについて、かなりの認識が得られています。

第一は、支援の順序です。今から一〇年前、ＬＤ児にかかわる専門家の多くは、支援の最初のステップとして、個別的な指導（クリニック型の指導）を考えていました。ＬＤ児は知的発達全般に遅れがないのだから、つまずいている部分を専門的に指導し、その力を高めれば、学校生活における困難は解消するだろうという発想です。

しかし、この方針は適切ではありませんでした。ＬＤ児とその保護者がもっとも悩んでいたのは、クラス適応と友人関係の問題だったからです。ＬＤ児の多くは、不登校やいじめの問題で苦しんでいました。学習のつまずきの支援以前にまず必要だったのは、ＬＤ児が通常のクラスのなかで楽しく充実した学校生活を送れるように、どう援助するかということだったのです。

こうした認識から現在では、支援を行なうにあたって、

①専門家との連携のもとに通常の学級の担任が働きかけ、ＬＤ児がクラスのなかでうまく過ごせるよう支援する

②そのうえで、個人の発達特性に応じた個別的で専門的な指導を行なう

という順序が適切と考えられるようになっています。ＬＤ児が学校生活の大半を過ごすのは通常のクラスですから、クラス担任の役割はきわめて重要です。また、担任が効果的な配慮・支援を行なうためには、学校全体の

理解と支援体制が欠かせません。

このことから、二〇〇一年度より（一部地域は二〇〇〇年度から）全国の都道府県・政令指定都市で始まった文部科学省の「LDモデル事業」では、個に応じた配慮・支援を必要とする子どもの存在に気づき、全校的な理解と支援のとりくみを行なう「校内委員会（気づきの委員会）」を各校に設置し、さらに、教育委員会が「専門家チーム」を設置して、校内委員会との連携のもとにLD支援にあたる体制が提言されています。

3 特殊教育から特別支援教育へ

日本の学校では、これまで「特殊教育（Special Education）」といえば「障害児教育」のことであり、特殊学級や盲・ろう・養護学校での教育が中心だったので、通常の学級に在籍し、特別な支援を必要とするLDのような子どもたちへの対応を想定していませんでした。

一方、これまで「健常児」と呼ばれてきた一般の子どもたちのなかにも、学力の遅れ、不登校、いじめ、非行などの問題から、個に応じた支援を必要とする子どもたちが多数存在します。

そのため現在、従来の「通常の教育／障害児教育」の枠組みを取り払い、個に応じた支援を必要とする子どもすべてを対象とする「特別支援教育（Special Needs Education：SNE）」の概念が提唱されています（**図2**）。

いま学校で取り組まれつつあるLD児への教育支援は、この特別支援教育の理念に基づくものであり、これまでの学校教育のあり方やシステムを大きく変える可能性をもっています。LDの問題を取り上げること、LD児の教育支援にとりくむことは、「新たな障害をつくり出すこと」でもなければ、従来の障害児教育に新たな対象をつけ加えることでもありません。

LDの支援にとりくむことは、「健常児」か「障害児」かにかかわりなく、特別な教育ニーズをもつすべての子どもたちへの、よりきめ細かな教育の実現につながるものであり、リソース・ルーム、通級指導教室、巡回指導といった地域の学校における新しい支援システムの創設に結びつくことなのです。

図2　特別支援教育（SNE）の概念

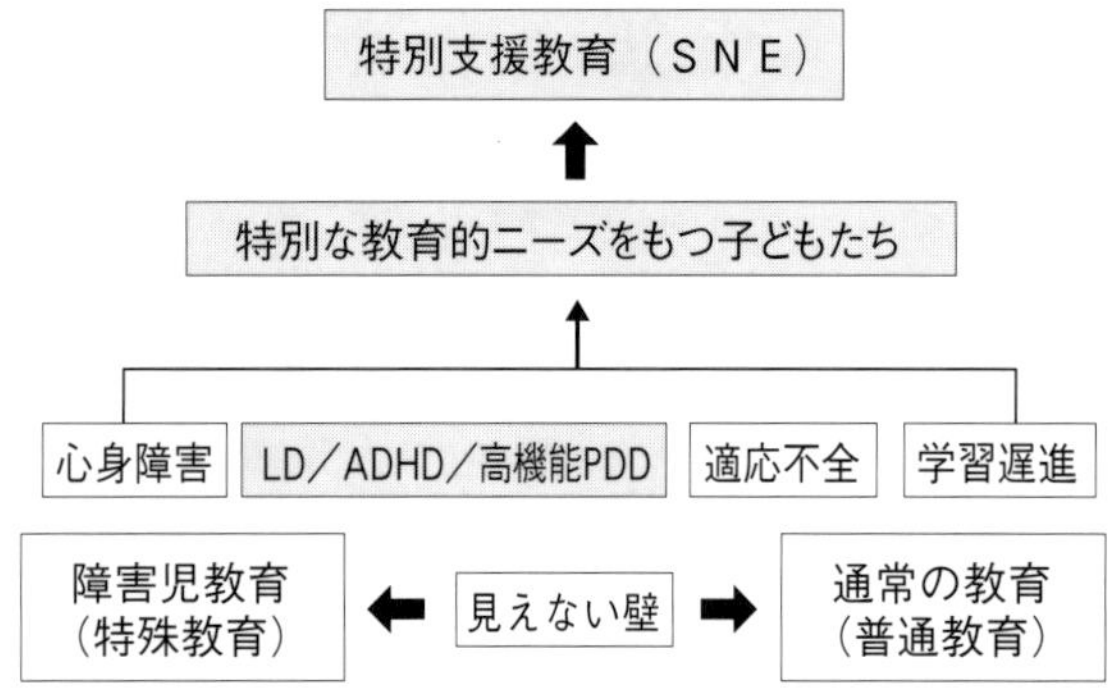

4 個に応じた支援

それでは、特別支援教育の考え方のもとで、LDの子どもたちに具体的にどのような支援を行なっていけばよいのでしょうか。

(1) 発達のアセスメント

学習に困難を示す子どもに対しては、一般に、

①わかるところ・できるところから学習を始める

②スモール・ステップで時間をかけて指導する

③小グループでの指導や個別指導を行なう

という方法がとられます。

しかし、LD児の場合、それだけでは不十分です。なぜなら、LDの子どもたちは、特定のタイプの情報がわかりにくいといった認知的な偏りや、注意の集中時間などの問題をもっているからです。

したがって、学習にあたっては、どの回路から、どのような方法で情報を入れてあげればわかりやすいのか、苦手なところを補うにはどうしたらよいか、どのくらいの学習時間が適切なのかといった個の特性に合わせた支援（神経心理学的な観点）が必要とされます。

子ども一人ひとりのこうした特性を理解するためには、発達の詳細なアセスメントが不可欠です。LDのアセスメントは、

①子どもの認知特性を捉えるWISC-Ⅲや K-ABCなどの診断検査
②診断検査で明らかになった特性をさらに詳しく調べる掘り下げ検査
③日常場面での学習と行動の詳細な観察

の三つの方法で行ないます。

アセスメントで大切なことは、その子のなかで得意なこと苦手なことは何か（発達の個人内差）を詳細に捉え、支援のプログラムへと結びつけていくことです。

LDの診断検査や掘り下げ検査は専門機関で行なってくれますが、少なくとも基本的な検査については、検査結果の意味がわかり、指導プログラムに結びつける力が教師に求められます。また、学校場面での学習や行動の観察は、教師でなければできない仕事です。

(2) 個別の指導計画

LD児に対しては、クラスのなかでうまく過ごせるための支援と、発達や学習のつまずきに対する個別的な支援の二つが必要です。そして、そのいずれにおいても、発達のアセスメントに基づいた個別の指導計画が求められます。

個別の指導計画は、「個別指導の計画」ではありません。もちろん、そのことも含まれますが、より広くクラス場面や集団行動場面での配慮・支援も含めた「個人のための総合的な支援プログラム」を意味します。

個別の指導計画の作成にあたっては、クラス担任だけでなく、校長・教頭・特殊学級担任を含めた学校全体での検討と、通級指導教室の担当者や外部の専門機関職員などの意見も取り入れることが必要です。

●クラスでの支援

LD児にとってもっとも深刻な問題は、周囲の理解不足から生じる二次的な適応障害です。クラス担任にLDへの理解が欠けていると、問題の原因を本人の努力不足や親の養育態度に求めがちになり、無理な要求や不要な叱責が多くなってしまいます。また、周囲の子どもたちもLD児のことを「変な子」「何もできない子」と見てしまい、LD児はクラスのなかで孤立し、いじめ・不登校などの深刻な問題が生じやすくなります。

クラスでの支援にあたっては、担任がLDについてよく知り、学習や行動の問題が発達のつまずきから生じているのだという認識をもつこと、担任だけでなく学校の職員全体で配慮と支援の内容を考えることが何より大切です。各種の相談機関や医療機関など、信頼して相談できる専門機関があればさらによいでしょう。

図3は、クラスにおける支援の概略を示したものです。

他の子どもたちと同様に、LD児も「できるようになりたい」「自分の存在を認めてほしい」という気持ちを強くもっていますので、学習・行動の両面でまずできること、好きな

図3　クラスにおける支援

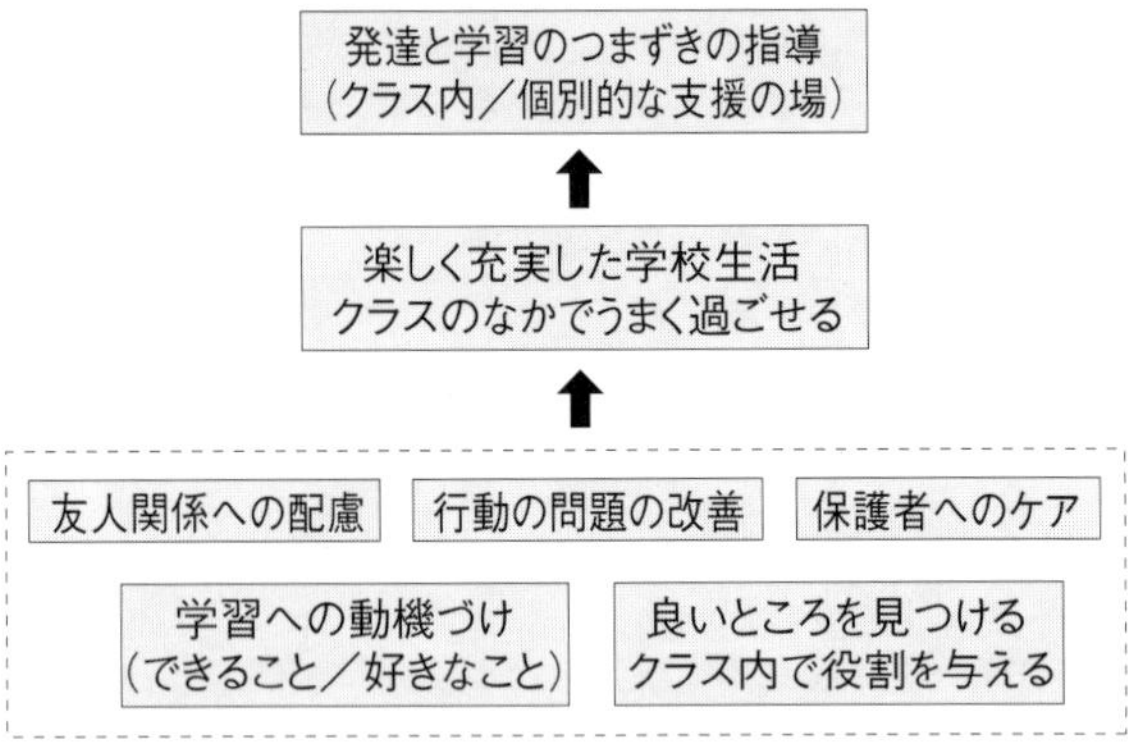

ことから始め、うまくできたらほめるようにします。

配慮のポイントは、すべてを「みなと一緒に」と考えるのではなく、その子のできそうなところから始めて、「できた」という達成感が得られるようにすることです。そうすると意欲もわきますし、他の子どもたちもＬＤ児の良さを認めるようになってきます。

クラスのなかで役割を与えるのもよい方法ですが、説明もなしにいきなり「やってごらん」と言っても難しいことが多いので、やり方のモデルを具体的に示すようにします。

ルールが守れないといった行動面の問題については、ルールの意味が理解できているかどうかを確認しながら（一般にＬＤ児はルールの理解が苦手です）、理解しやすい簡単なルールを守らせるようにします。この場合、ＬＤ児だけにルール遵守を要求するのではなく、クラス全体にルールを意識させ、守れた子は誰でもほめるようにすると、友人関係にもよい影響が生じます。

以上のような働きかけによって、ＬＤ児がクラスのなかでうまく過ごせるようになれば、発達と学習のつまずきに対する支援の土台ができたといえるでしょう。

●個に応じた学習の支援

アセスメントの項で述べたように、学習の支援では、子どもの認知特性（得意なところと苦手なところ）の把握とつまずきの分析が非常に重要です。

たとえば、読み書きの問題一つをとっても、文字の形や向きがうまく把握できない（視知覚の問題）、文字と音声の結合がうまくできない（視覚表象と音韻表象の変換の困難）、文字で表わされたことばの意味をとりにくい（語義障害）、行間の読み取りや文脈の理解が難しい（語用障害）、文字の形をうまく構成できない（視覚的構成力の弱さ）など、つまずきの原因はさまざまです。学習の困難に対しては、子どもがどこでつまずいているかを正確に捉え、つまずきの原因とレベルに応じて、次の原則のもとに具体的な支援の方策を考えます。

①どの回路からの情報がわかりやすいか（例：視覚か聴覚か）
②どのようなタイプの情報が理解しやすいか（例：非言語情報か言語情報か、具体的な情報か記号化された情報か）
③どのような情報の提示方法がわかりやすいか（例：情報を一つずつ示す継次的提示か、一度に示す同時的提示か）
④どの程度の学習時間と学習量が適切か
⑤どのようなほめ方（フィードバックのしかた）が適切か
⑥学習のための言語の指導。その学習の理解には、どのようなことばがキーワードとして重要になるか（例：あわせて、残りは、～ずつ、段落、産業など）

さらに、ＬＤ児の学習支援で見落としてはならないのは、「学習のためのスキル」の指導です。

学習のためのスキルとは、時間割の読み方や合わせ方、ノートの取り方や質問のしかた、学習教材の準備や整理整頓のしかた、学校施設の利用方法など、学習を円滑に行なうための技能のことですが、ＬＤ児はこうしたスキルを十分に獲得していないことが多いため、スキルが身についているかどうかをチェックし、不十分な場合はそこから指導を始めるようにします。

筆者は二〇〇〇年に小学校から短大までの読み書き障害を対象とした米国のランドマーク・スクール（私立校）を見学してきましたが、そのカリキュラムと授業を見ると、あらゆる学習指導の前に、ノートの取り方やレポートの書き方、図書館の利用のしかたなどの学習のためのスキルの指導が徹底して行なわれていました。こうした指導の観点は、これまで日本の学校には少なかった点で、ランドマーク校の実践から学ぶべきことは多いと思われます。

以上述べてきた個に応じた学習支援は、その内容によって、通常のクラスでできることと、できないことがあります。通常クラスでの指導が難しいことについては、特殊学級や通級指導教室、民間指導機関など、個別的指導が可能な場の利用を考えなければなりません。今後のＬＤ支援体制の整備と充実が望まれるところです。

●ソーシャル・スキルの指導

教科学習の問題に加えて最近注目されているのが、ソーシャル・スキルの問題です。

ＬＤ児の支援の経験が増えるにつれ、ＬＤ指導の専門家の間では、人との関係を維持し、社会のなかでうまく生活していくためのソーシャル・スキルを身につけることの大切さが認識されるようになってきました。

ソーシャル・スキルの弱さがいちばん大きな問題となるのは、年齢が高くなったＬＤの人たちですが、現在では、将来に備えて、小・中学校期から年齢に応じたスキルの指導が必要と考えられています。

集団のなかでの適切な行動のしかた、あいさつやことば遣い、意思表示と表現の方法、他者の気持ちの理解など、周囲の人たちと円滑に交流するためのスキルの指導は、学校か家庭か、クラス場面か個別的な指導の場面かを問わず、どの場面においても必要です。

●その他の配慮点

個に応じた支援でもう一つ大切なことは、過度の努力主義、反復主義に陥らないことです。ただでさえ苦手で嫌いな学習に、人一倍の努力や繰り返しを要求されれば、誰でもいやになってしまうでしょう。

ＬＤ児の支援では、苦手なところを伸ばす指導と同時に、避けて通れるところは避けるといった柔軟な対応が求められます。たとえば、書くのが苦手な子には、書かずにすませる学習方法を考えてみましょう。

実際、米国の学校では、スペルが苦手な読み書き障害児にスペルチェック機能のついた〝ポケコン〟を使わせるなど、苦手な部分を代償する方法が多く採り入れられています。電卓、テープレコーダー、ワープロソフト、インターネットや電子メールの活用など、子どもの年齢に応じていろいろ工夫してみるとよいでしょう。

(3) 教師の専門性を高める

以上のような支援を実現していくうえで、今もっとも必要とされていることの一つが、ＬＤを指導できる専門性をもった教員の養成です。けれども、これまでの障害児教育とは

別表　日本LD学会認定「LD指導者養成プログラム」（2002年度版）

領域	科目名	P数	合計P	備考
概論	ＬＤ概論Ⅰ：ＬＤとは	1Ｐ	6Ｐ	ＬＤ概論Ⅰ・Ⅱは，同日に開講する。
	ＬＤ概論Ⅱ：支援のシステム	1Ｐ		
	子どもの発達とその支援	2Ｐ		
	発達障害と医療	2Ｐ		
アセスメント	ＬＤのアセスメント	1Ｐ	8Ｐ	①ＬＤのアセスメントと観察法演習 ②検査法演習Ⅲとアセスメントの総合的解釈 ①②は，それぞれ同日に開講する。
	観察法演習	1Ｐ		
	検査法演習Ⅰ：WISC-Ⅲ	2Ｐ		
	検査法演習Ⅱ：K-ABC	2Ｐ		
	検査法演習Ⅲ：その他の検査	1Ｐ		
	アセスメントの総合的解釈	1Ｐ		
指導	個別指導計画の実際	2Ｐ	12Ｐ	①教科の指導：算数の指導と運動面の指導 ②行動面の指導Ⅰ・Ⅱ ③ソーシャル・スキルの指導と社会的自立・就労の指導 ①②③は，それぞれ同日に開講する。
	教科の指導Ⅰ：読み書きの指導	2Ｐ		
	教科の指導Ⅱ：算数の指導	1Ｐ		
	運動面の指導	1Ｐ		
	行動面の指導Ⅰ：基礎	1Ｐ		
	行動面の指導Ⅱ：応用	1Ｐ		
	言語・コミュニケーションの指導	2Ｐ		
	ソーシャル・スキルの指導	1Ｐ		
	社会的自立・就労の指導	1Ｐ		
ＬＤ教育士の役割	学校における配慮と支援	2Ｐ	4Ｐ	
	保護者・教師への支援	2Ｐ		
実習	ＬＤ指導実習	6Ｐ	6Ｐ	アセスメント領域のポイントをすべて取得してから受講すること。 ケースレポートの提出並びに面接審査により代替することができる
				計36Ｐ

（注１）Ｐ：ポイント。講義と演習は３時間で１ポイントとする。
（注２）すべての科目について小テスト等による評価を行い合格した者にポイントを与える。

資料：日本ＬＤ学会ホームページ資料より引用

体制も内容も異なるＬＤ教育について、教員養成大学・学部はまだ十分な対応ができているとは言えない状態です。

そうした現状から、日本ＬＤ学会では「ＬＤ教育士」の学会認定資格をつくり、二〇〇一年の三月からＬＤ指導者養成セミナーを開始しました（**別表**）。現在、小・中学校の先生方を中心に全国で約七〇〇名の人がこのセミナーを受講していて、二〇〇二年九月時点で、すでに一四四名のＬＤ教育士が誕生しています。

さらに日本ＬＤ学会では、今後の構想として、ＬＤ教育士の資格取得後二年以上が経過した人のなかから研究・実践に優れた人を選んで「ＬＤ教育士ＳＶ（スーパーバイザー）」の資格を授与し、その地域のＬＤ支援の中心となる人材を養成していく予定です。

ＬＤ教育士の資格と養成セミナーについては、日本ＬＤ学会のホームページ（http://wwwsoc.nii.ac.jp/jald/index.html）で詳しく説明されていますので、興味のある方はぜひホームページをご覧ください。

5　長期的な支援とチーム・アプローチ

最後に、ソーシャル・スキルの指導で述べたことに関係しますが、この一〇年間のＬＤ支援の試みから明らかになったことの一つに、生涯にわたる支援の必要性があります。

これまでのＬＤ支援のとりくみは、義務教育期を中心としたもので、義務教育終了後の問題はあまり論じられていませんでした。しかし、この一〇年間に研究・支援の対象となった子どもたちが成長し、青年・成人期を迎えるにいたって、ＬＤ児の義務教育修了後の進路や生活をどうするのか、就労と職場適応をどう支援するのかが新たな課題となっています。

これまでの特殊教育の中心的な対象であった知的障害や自閉症にくらべれば、LDは比較的「軽度な」発達障害ですが、たとえ軽度ではあってもLDは生涯持続するハンディであり、学校教育が終わったあとの支援と社会全体の理解を必要としているのです。

ここ数年、学校のなかではLDの概念はよく知られるようになってきましたが、一般社会にはまだLDに関する認識と理解がほとんどありません。また、就労に関しても、LDは障害者職業センターをはじめとする障害者就労支援機関の支援対象になりにくいという問題があります。これからは、社会に対する啓蒙活動を通じて、青年・成人期のLDへの支援を考えていかなければなりませんし、学校教育においても、学校にいる間どうするかを考えるだけでなく、生涯にわたるLD支援のなかで、学校におけるとりくみがどのような位置にあり、どのような役割を果たすのかという、長期的な観点に立った支援内容の検討が必要になってくると思います。

さらに、これまでの学校教育には、「学校のことはすべて学校で」という学校中心主義が色濃く存在し、医療や福祉など他職種の人たちと連携する習慣やシステムがありませんでした。しかし、LDとその周辺児の支援、特に、診断と発達アセスメント、個別の指導計画の策定にあたっては、医療・心理・言語の専門家との連携が不可欠ですし、義務教育修了後の支援に関しては、福祉関係の専門職との連携も必要になってきます。

これからはチーム・アプローチの体制、つまり、これまでの学校中心主義から脱却し、学校ですべての問題を解決しようとするのではなく、学校でできないことについては異職種・異分野の人たちの援助を得ること。また逆に、学校でしかできないことは何かという学校教育（教師）の専門性をこれまで以上に明らかにすること。そうした「開かれた」姿勢とシステムが、いま学校に強く求められているのです。

おわりに

日本の学校では、これまで集団中心の考え方が強く、「みんなと一緒」ということが重視されてきました。しかし、学校でさまざまな問題が噴出している現在、重要なことは、これまでの考え方を修正し、一人ひとりの子どもの特性を認め、個の特性に応じたきめ細かな教育を実践していくことではないでしょうか。

変革の時期というのはしんどいもので、従来の安定したシステムを一度崩して新しいことを始めるには、大きな努力と負担が要求されます。LDとその周辺児への教育支援が、通常の教育と障害児教育の両方を巻き込んだ学校教育全体の改変につながるものである以上、その努力と負担はたいへんに大きなものでしょう。けれども、LDの子どもたちは、「人は一人ひとり違っているんだよ」「違っていることは素晴らしいことなんだよ」ということを身をもって示し、一人ひとりを大切にする教育の実現を私たちに迫っているのだと思います。

（№68、二〇〇二年冬号に加筆）

特別な配慮が必要な子どもたち

——二次的な障害を防ぐために

杉田 克生
Sugita Katsuo

千葉大学教育学部養護教育学
主に小児神経学を専門。現在、千葉大学附属病院小児科、その他千葉県下の病院小児科で神経外来担当。LD、ディスレキシアなど高次機能障害にも研究領域を広げている。

田上 恵
Tagami Megumi

千葉大学教育学部
養護教育学研究室

はじめに

今、学校現場では、**表1**にあげた〝不思議な子どもたち〟が問題とされています。このような子どもたちは、家庭環境や、心理的な成長面での問題が原因とされることもありますが、明らかな環境要因とは無関係な〝問題となっている子ども〟が、「不思議な子どもたち」というふうに見られています。

彼らは能力的には問題がありませんが、学習に著しい困難があったり、不思議な行動をとったり、他人とうまく対人関係が築けなかったりと、さまざまな不適応を起こしています。そして学校生活において、その原因を知らない教師または友人によって、注意されたり、叱られたり、さまざまな状況に苦しんでいます。

また、一方で、「なぜうまく指導できないのか」「どうして理解できないのか」「自分の指導のどこが良くないのか」と悩む教師が増えてきています。

そうした現状から、教育相談の場では、原因と思われる学習障害（LD）、注意欠陥多動性障害（ADHD）、アスペルガー症候群、高機能自閉症などの問題についての相談が数多

表1

- 席に立っていられず、ふらふら出歩く子。
- 先生の静止を聞かず、教室を飛び出して遊びにいってしまう子。
- 授業に参加できず、ボーッとしている子。
- 友達と遊べず、孤立している子。
- 友達とけんかをして、誰とも遊べないでいる子。
- 算数だけ極端にできない、国語だけ極端にできないなどの子。
- 高学年になると、友人関係や、学業不振を理由に不登校になっている子。
- 自分の思いこみが激しく、人の意見に協調できない子。
- 人のことを考えられず、自分を主張してしまう子。

く寄せられています。これらの用語については、新聞や雑誌に掲載されるようになり、マスコミによっても報道され一般的に知られてくるようになり、教師の間でも多用に使われています。しかし、それはごく最近のことであり、正しく認識されているとは言いがたく、今の教育における実際の子どもたちへの対応は十分とはいえないのが現状です。

1 なぜ、今問題となっているか

このような〝不思議な子どもたち〟は今までいなかったのか、というとそうではありません。目に見えにくい、わかりにくい障害をもった子どもたちは、その障害の特性を理解されず、いわゆる落ちこぼれになったり、学級で孤立したり、というような状況におかれていたと考えられます。

その子どもたちに目が向けられたきっかけのひとつとして、今日の少年による凶悪犯罪の原因を探るなかにあったといえるでしょう。凶悪な犯罪を起こす青少年のなかに発達段階でのつまずきがあったのではという事例から、今まで気づかれてこなかった通常学級での問題を抱える子どもへの教育の見直しが始まったと考えられます。

このように教育、医学の関心が社会的状況や科学の進歩に応じて変わってきました。そして今、通常学級において問題とされる子どもたちを、あらためて「機能的に軽い発達障害（軽度発達障害）に属する子どもたち」という視点から教育的な取り組みが行なわれるようになりました。しかし、この「軽度発達障害」はそのどこまでが障害で、どこまでが個性や生育による偏りと見るべきか明確ではありません。かつ、ほかの障害との合併も含まれることもあり、どの視点から子どもを見るかによってその診断が異なることから、障害として気づかれることが難しいのです。

こうしたことから、今、まだその取り組みにあたっては、十分とはいえず、さまざまな問題を抱えています。例外的なごく一部の教師による適切なサポートがあるものの、多くの場合子どもたちへの適切な対応をすることができず、その問題行動が憎悪するという悪循環が生じているといえます。

このような状況から、気づかれにくい軽い発達障害をもつ子どもたちで、最終的に問題になってくるのは、落ち着きのなさや、文字が読めないなどの症状ではなく、周囲の認識がないため適切な対応がされないことによって起こる、情緒的な二次的問題といわれています。

幼児の頃から注意や叱責を受けやすいこのような子どもたちは、思春期になると、非行や不登校、いじめ、家庭内暴力、ひきこもりなどの二次的な障害の発生率が高いといわれています。また、不適切な対応と、障害の特性が原因で反社会的行動を繰り返す行為障害を合併することもあります。

子どもたちは教師や大人が思っている以上に自己評価が低いのです。早期から子どもの障害の特性を理解し、自己評価を下げないように適切な対応、支援をすることが求められています。

2 子どもの特性としてとらえる

このような子どもたちへの適切な対応、支援を考える際、ＬＤ、ＡＤＨＤなどの言葉が頻繁に使われるようになりましたが、まず「何という障害か」についてやっきになってはいけません。

子どもの目に見えて問題とされる部分だけで、「この症状があるから何という障害だ」

と思いこんでいても間違いであることがあります。実際、教育相談の窓口にきたケースのなかに「この子はLDではないか」という相談があっても、自閉症だったということが少なくありません。

こういった間違いはLDに限らずよく起こるのですが、その原因はそれぞれの障害における全体像や独自のニュアンスが、一般の親や教師に伝わってないからと考えられます。またこのような子どもたちは、絶えず成長していくので、加齢、発達、教育的支援により、その問題となる症状が大きく変わっていくこと、またいくつかの障害は合併することがあることから、何の障害かはっきりさせること自体難しいといえます。

学校で子どもに何らかのつまずきを感じたときは、早めに教育相談室、児童相談所、児童精神科、小児神経科などの専門家による診断という手続きを行なうべきでしょう。そうした手続きを踏まえ、目の前にいる子どもの支援を考えるとき、「何という障害か」ということは、それぞれの障害のタイプを見極める目安になり、重要といえます。それぞれ似ているようで、まったく違う障害であり、一つひとつ症状に特徴があり、それらを曖昧にしないことです。しかし、あくまで「何という障害か」ということは子どもの特性をとらえる目安であって、同じ障害でもさまざまなタイプがあるので、子ども一人ひとりの実態に合った支援を考えることが大事であるといえるでしょう。

3　障害を理解する

学校全体としての子どもへの対応を考える際に、まず前提となるのが障害への理解です。今まで発見と診断がされていなかった子どもも、教師の理解のもとにはじめて発見され、さまざまな不適応への対応をスタートすることができます。

ここでは、LD・自閉・多動などが正しく理解されるために、それぞれを比較しながら病因・病態とそれぞれに合った対応について紹介します。

(1) LDについて

【定　義】

Learning disabilities と learning disorders はともに「学習障害」と訳されますが、前者は学習能力障害あるいは学習能力の機能不全といったニュアンスで、米国では教育用語として使われています。後者は、DSM-Ⅳでは読み、書き、算数に関する academic skill disorder（学力障害）と同義に使われます。これら、読み書きや、計算に関する特異的障害を学習障害とすることについて、医学界、教育界ともに共通の認識ですが、教育界においては話す、聞く、推論する障害がこれらに加わっています。

医学的には、それまでの「MBD（Minimal brain dysfunction：微細脳機能障害）」「読字障害（dyslexia）」の用語が用いられてきました。MBDは学習の異常・注意集中力と行動の制御の問題・運動機能の障害の三つの症状が合体したもので、今ではそれぞれLD（Learning Disability）・注意欠陥／多動性障害（attention-deficit/hyperactivity disorder：ADHD）・発達性協調運動障害（DCD：Developmental Coordination Disorder）という単独の障害名に分かれています。Dyslexiaという用語は「読みの障害」ですが、発達性の読み障害児のほとんどは書字障害を伴っていて、「発達性読み書き障害」とも言われ、学習障害の中核群をなす疾患群です。

まとめると、LD（学習障害）はさまざま

な定義がされていますが、基本的な考え方としては、中枢神経系に何らかの機能障害があると推定され、そのため認知・情報処理過程に特異的な障害を生じ、基礎的な学習能力に障害を生じ、教科に伴う学習困難を生じるもの、つまり、全般的知能は正常であっても書字や音読、または計算といった偏った困難を生じる障害であるといえます。

ここではLDの中核症状である発達性読み書き障害を中心に病因、病態を述べたいと思います。

【病　因】

何らかの中枢神経系に原因をもつ機能障害であることが想定されています。病理学的には、大脳機能障害部位に着目した研究で、大脳各部位の脳血流量の低下が報告されており、発達性読み書き障害では左の側頭葉、頭頂葉もしくは左後頭葉の機能障害が推定されています。

【病　態】

読み書きに困難を示すという症状が表われる障害のメカニズムに関して、認知神経心理学的アプローチがなされています。LDはいわば認知（情報処理）過程の機能不全といわれます。学習における認知過程は、聞いて理解する聴覚認知と、見て理解する視覚認知の大きく二つの認知過程があると考えられています。たとえば言語面でいうと、話したり聞いたり、漢字やカナの読みは聴覚的刺激の情報処理が中心となり、漢字の書字や図形の模写などは視覚的刺激の情報処理が中心となります。

また、文字を学習するときの情報処理過程を模式図で表わすと図1のようになります。

これらの情報処理過程のある段階において障害が起こり、漢字の書字の誤りや文章の音読の困難など、一人ひとりさまざまな特徴をもった症状が表われてきます。たとえば、カナの読み書きにおいて文字と音との一対一の関係が、小学校三年生でも完成されなかった子どもは、カナ一文字と音との関係（図1のB）の関係がどうしても覚えられなかった症例と考えられます。

また、言語発達に問題はなく、呼称はできても、漢字の書字はできないという子どもは

図1　文字を学習するときの情報処理過程を簡略に示した図

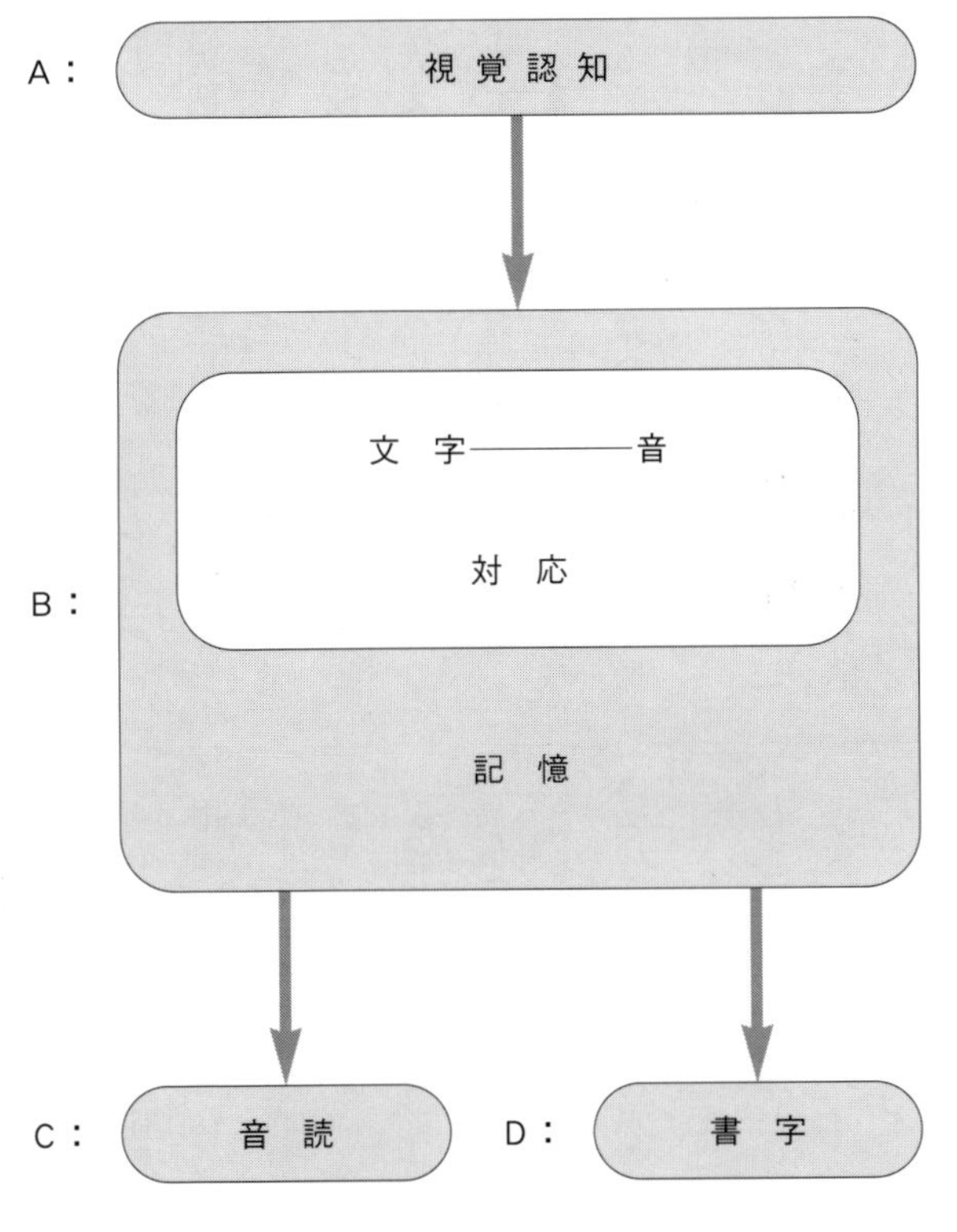

A：お手本となる文字を正しく認識する
B：認識した文字とその文字に対応した音とを記憶する
C：音読の場合はBから音を引き出す
D：書字の場合は文字という図形をBから引き出す

（宇野彰、波多野和夫著『高次機能障害の臨床はここまで変わった』医学書院より一部改変）

漢字の文字形態を想起する段階（図1のD）での障害と考えられます。

このようにただ「読み書きがうまくいかない」子どもでも、一人ひとりその障害とされる部分が異なることを理解し、学習の段階をおって、どこでつまずくのかを見極め、症状に合わせた学習方法を行なうことが必要とされています。

【診　断】

少なくとも日本では客観的な診断がなされていないのが現状ですが、全般的知能が正常であること、読み書きの到達度が健常児童と比べて優位に低いこと、普通の方法で練習しても学習効率が非常に低いこと、他の言語機能が正常に発達していること、などが必要です。学校においては各教育センターなどで作成されつつある、LDのチェックリストなどを利用し、病院・専門機関等を通してテストや検査を行ない、子どもについての情報をいろいろな角度から集めることで、より正確な診断に近づくと考えられます。

【対　応】

読み書き障害の子どもの学習方法については今さまざまな方面から研究がされてきていますが、実際のところ知的障害と同様に学習を少しずつゆっくりやるという経験的な方法が行なわれているといえます。

しかし、聞く、話すなどの言葉の発達や行動・対人関係において正常であり、知的障害の境界線児とは異なるため、読み書き障害児に対する独自のアプローチが必要であり、基本的な考え方として失語症訓練に用いられるのと同様の原理での、学習方法の効果が検討されています。つまり、障害されたそのものに対するアプローチではなく、バイパスを通すアプローチです。

たとえば、かな一文字と音との対応関係に困難を示す子どもに対しては、一対一の対応練習を通常より多くさせるのではなく、五十音表を用い、行単位に想起させてから、かなの書字をするなどの迂回経路を用いる方法を考えます。

子どもの障害とする部分をきちんと見極め、その障害部分に直接働きかけるのではなく、それを補うべく正常な機能を強化したバイパスルートを考えることを基本とし、子ども一人ひとりに見合った方法を、専門家のアドバイスを受けながら個別指導計画を作成するなどして、対応することが望ましいと思われます。

(2) 自閉・多動について

「自閉」「多動」という用語は発達障害でみられるさまざまな症状のなかの一つを表わす用語です。それぞれの症状を表わす代表疾患として自閉症とADHDという障害名があります。二一世紀の特殊教育のあり方について（最終報告、文部科学省、二〇〇一年）ではLD、高機能自閉症（high-functioning autism：HFA）とADHDを「通常の学級に在籍する特別な支援を必要とする児童生徒」として例示しています。ここでは自閉と多動の症状を表わす障害のひとつとしてHFAとADHDを代表して述べたいと思います。

①HFA

【定　義】

現在の広義の自閉症概念である広汎性発達障害（pervasive developmental disorders：PDD）とは、古典的な自閉症の周辺にはそれを共通した臨床的特徴を分かちもちながら非定型な症状を示す子どもたちの広がりが存在し、自閉症の基本症状として言われている三つの症状、すなわち「対人相互交渉の質的障害（社会性の障害）」「コミュニケーションの質的障害」「想像力の障害とそれに基づく行動・興味・活動の障害」に関しても、また知的レベルに関しても、重度のものから軽度のものまで幅広い連続したスペクトラムがみとめられることが明らかとなって使用されるようになった概念です。

PDDのなかで全般的知能が境界線から正常範囲（IQ≧70）のものは高機能広汎性発達障害（high-functioning PDD：HFPDD）と呼ばれますが、そのなかには定型的な自閉症の一部、発症年齢が遅いことは非定型な症状または閾値に達しない症状から非定型自閉症、あるいは特定不能のPDDと呼ばれるものの一部やアスペルガー症候群の大多数が含まれ、大きくはHFAとアスペルガー症候群（AS）に分かれます。基本的に定義としては、HFAは自閉症のなかで知的機能が境界線から正常範囲のものをさし、ASは社会性の三つの障害のうち、「コミュニケーションの質的障害」が軽度と考えられるものを言います。しかし、両者の境界は曖昧な点が多く、両者を区別せず、まとめてHFPDDとして扱い、言語・認知の障害のもっとも軽いものをASとする立場を取る専門家が多いようです。

【病　因】

現在では、母子関係や社会的要因は自閉症の症状に可逆性を与える要因ではあるが、自閉症の原因ではなく、その原因は何らかの脳の障害であることが明確になりつつあります。

【病　態】

行動特性としては先に述べたように「社会性の障害」「コミュニケーションの障害」「想像力の障害とそれに基づく行動の障害」の三つが自閉症の典型的な症状とされています。学校においては人付き合いが下手で孤立してしまったり、自分勝手でワガママが強かったり、自分の興味以外にはまったく無関心な言動を取ったりします。

臨床症状においては、典型的なHFAでは言語障害の側面が強く、典型的なASでは運動技能や注意、視空間認知、情緒の安定といった非言語性の問題が目立つ、という差異が見られます。認知構造に関しても、HFAでは言語性知能が低く、動作性知能が高く、ASでは逆に言語性が高く動作性が低い点が異なるといわれています。

【診　断】

社会性の障害などの三つの典型的な症状が三歳以前に現われることを現行の診断規準としていますが、行動特性による診断であり、その背後にある認知心理特性は不問としています。また、知的障害をはじめとする他の障害との鑑別診断も必要となります。

【対　応】

自閉症児への援助の基本は取り巻く環境をわかりやすく構造化し、「視覚的」「具体的」「肯定的」に関わることであるといわれますが、HFPDDの子どもに対しても基本的には同じであるといわれています。

一般的な漠然とした表現や抽象的な言葉の理解が苦手なので、できるだけ具体的に、かつ視覚的な手がかりを添えて説明したり、指示を出すことが必要です。

変化を嫌い自分のやり方に固執する、融通が利かないといった面に対しては、変化は最小限にとどめ、あらかじめ見とおしを与える、自分なりのやり方やペースをできるだけ尊重するといった配慮が必要です。

状況にお構いなく自分の興味あることを一方的にしゃべったり、授業のなかで自分の興味のないことにはまったく取り組まない場合は、ただ注意するのではなく、一方的にしゃべってもよい時間をつくることも大切です。時間が守れたり、相互的なやり取りができたらみんなの前で褒めてあげる、興味のある事柄や対象を授業に取り入れて注意を向けさせる、できる課題の導入を図るなどの、HFPDDの特性を理解したうえでの肯定的な関わりの工夫が必要です。

また、対人関係において一見大きな問題がないように見えても、本来自然に身につく基本的な対人関係のルールがわかっていない場合に対して、そのルールを公式的、図式的に、マニュアル化して覚える、いわば「頭で」理解させることが必要です。

学習面では国語の読解や算数の文章問題、歴史の因果関係の理解などが一般的に苦手で、逆に機械的な計算や記憶力、文章を読む力は優れていることが多いので、学習が高度で抽象的になってまったくやる気をなくなってしまう前に、学習の遅れの兆しが見えたら、早めに通級やチーム・ティーチング等の制度を活用した個別の指導が重要となるでしょう。

②ADHD

【定　義】

不注意、多動、衝動性といった行動特性によって特徴づけられる症候群で、時には学習面や対人関係に二次的問題を生じ、LDや、反抗挑戦性障害、行為障害といった破壊性行動障害などの併存障害をきたしやすいことにより、学童期にしばしば学校不適応を起こす疾患です。

【病　因】

医学的要因ついては遺伝的なもの、環境物質、未熟児出産、感染による脳機能異常、微細な脳損傷などが考えられていますが、詳細は不明です。一方、児童虐待、家庭内の不安定さ、愛情剝奪、抗けいれん剤等により二次的に多動性、衝動性などのADHDに見られる症状が出現することがあり、注意が必要となります。

【病　態】

行動特性の面からは、不注意、多動性、衝動性の症状が見られます。

神経発達の面からの病態については、感覚からの入力に対しての衝動的な運動反応を抑制することができない、次の出来事を予測して、運動反応を準備することが不得意で、その過程で生じた誤りについてのフィードバックに問題があることが明らかにされています。

病理学的検討では右前頭葉皮質は、注意・自意識・時間と関係した部位であり、綿状体は反射的な反応を抑え、さまざまな神経の入力を調整すると考えられており、それらの箇所が対象に比べて小さいことが明らかにされています。

生化学的にはADHDにおいて前頭前野や大脳基底核で活動が活発なドーパミン受容体、ドーパミントランスポーターの遺伝子が関与しているのではないかと考えられています。

【診 断】

DSM-Ⅳ診断基準（31頁参照）にそってなされます。

【対 応】

治療的対応法には薬物療法と教育、療育的支援（行動変容療法、家族支援も含む）がありますが、これらはそれぞれ単独ではなく並行して行なうことが重要です。

薬物治療ではメチルフェニデート、抗うつ剤、カルバマゼピン、クロニジンなどがよく使われます。脳刺激のメチルフェニデートの有効率は約七〇％程度であり、多動性、注意力、衝動性の改善が見られますが、三～四時間の効果しかありませんので、子どもの生活リズムに合わせて一日二～三回に分服することが必要です。

教育・療育的支援では行動変容療法が行なわれます。良い行動を褒め、強化し、好ましくない行動には無視、タイムアウトなどで抑制し、行動の修正をしていきます。もっとも大切なことは、良い事は良い、悪い事は悪いとはっきりさせるとともに、家族内の方針を統一しておくことです。

4 学校ができる対応
――障害への理解と特別な配慮を

発見と診断に際しては各地域の特殊教育センターなどの教育相談機関との協力のもとで行なうのが良いでしょう。こうした専門機関との協力や連携があれば、指導上の助言が得られ、適切な指導の期待が高まると考えられます。

発見そして診断された子どもの、学校の受け入れ体制が重要です。教室に限らず、多種多様な問題を起こす子どもに、学級担任だけでは対応できないので、まず教職員全員の協力と連携が不可欠です。一人の子どもへの校内の共通理解と一貫した指導体制をつくるために、校内委員会や特殊学級などを活用した学習センターの設置、特別支援教師の任用、などの具体的な対応を考えます。

また通常学級での支援教育では少人数学級やTT方式、非常勤講師やボランティアの配置、授業時間外の指導や教師の研修などがあげられます。

保護者に対しても適切な対応が必要です。まず、問題を起こす子どもをもつ親に対して、学校が相談しやすい、信頼される場所となることです。障害を理解してもらうことで問題行動の予防にもつながりますし、逆に保護者がためらうことなく、問題をもっていることを学校に申し出ることができるでしょう。子どもだけでなく、子育てに自信をなくしてしまいがちな保護者の落ち着きを取り戻すことが先決です。子どもを責めたり、自分を責めたりする親を見て、子どもはますます傷つき、家庭が安心できる場所でなくなってしまいます。

学校は保護者と連携して、一緒に子どもへの適切な対応を考える姿勢が大事です。また他の保護者への理解を求めるには担任よりも、養護教諭からの説明のほうが安心して聴けるでしょう。

これら軽度発達障害と呼ばれる子どもたちが周囲の理解不足によって自信をなくし、二次的な障害を生じるのを防ぐために、まず、このような子どもが存在すること、その存在はとても身近なものであること、そしてその子どもは特別な配慮を必要としていることに気づき、正しい認識のもとに適切な支援がいっそう望まれます。

（No.68、二〇〇二年冬号に加筆）

障害と教育が連携するために
——ADHD、LD、高機能自閉症について

竹内 直樹
Takeuchi Naoki
横浜市立大学医学部附属病院
小児精神神経科

1 病名による学校の混乱

多動性障害、学習障害、高機能自閉症と診断された子どもが転校してきたというので、児童精神科医の私が授業参観に招かれたことがある。病名がいつ誰によって、どのような症状で診断されたかは不明であり、その後の顛末など治療に関する情報はまったくなかった。

遠くから転校してきた母親が、緊迫したやりとりのなかで、わが子の病名を告げた後に、「この学校は障害に理解や経験があるのか」と尋ね、「専門的な研修を積んだ担任を当ててほしい」と注文をつけた。転校後も子どもの離室が目立ち、一方的なおしゃべりや、難しい漢字をひたすら書くなど、話題に絶えぬ学校生活が続いていた。

授業見学の当日にも、集会では列から独り離れて鉄棒の側にいた。集会後は国語の授業であった。教卓のすぐ前に子どもの席があった。左隣は空いた机が両側に置かれ、日ごろのことが察せられた。子どもたちが思いつくままに漢字をあげて、似たもの同士で群をつくり、ビンゴゲームを模して漢字の学習を進める授業であった。

聡明な印象を一見与える表情で、身だしなみも整い乱暴な子どもとの印象は遠かった。授業の流れに没入はしていないが、間合いの悪い挙手や、周囲をかえりみないあくびで背け反ったりもしていた。皆がビンゴをしても勝ち負けには過敏ではなく、近くの子どものビンゴを覗いたりもする。シールの褒美を取りにいくときは、後ろの子どもがつついて教えてあげる交流が垣間見られた。

学校見学ではよく経験することだが、非日常的ななかで授業は進み、支障もなく終わった。その子どもは校長のところにすり寄り、「独りで帰るのはつまらない」と呪文のよう

に言って、少しまとわりついて途中まで壁を指でさわっていき、図書の置かれたところに行くと離れていった。背中向きに私たちへの挨拶を甲高く叫んで消えていった。

＊病名が親と学校の特異な出会いのなかで展開された。中途半端な病名で子どもに素直に出会えない。親の不自然な要求から、以前の学校との齟齬が推定され、情報の共有化が今は難しい。表面的な主張に反応せず、孤立した背後の感情を受容し、関わりを続けたい。母親だけでなく父親とも会いたい。子どもは社会性には乏しいが皆無でもなく、また周囲からも働きかけがあり交流の芽は認められる。

別室で担任は疲れきった表情をうかべて、望んでというよりも校長に勧められていや応なく話してくれた。ひとりの子どもに邪魔をされて思い描く授業展開ができないという鬱屈した敗北感が漂っていた。

「乱暴やチョッカイばかりで困る。大人の顔色をうかがい、今日はお客さんがいるし、得意な漢字だから授業になったが、今朝も自習中に他の子と喧嘩になり机を放り投げた。叱るとよけいに怒る、押さえつけると逆に興奮が激しくなり激昂する始末。落ち着けば言うことは判るが、また繰り返す。親は障害だとばかり言い張って、しつけは何ひとつしていない。やればできるのにやらないからできない、そしてよけいに苦手になる。給食のときも偏食が多く、今日もかぼちゃを椀ごと床に投げつけた。わがまま放題では社会性が育たない。このままでは大人になったときに自立できない。親の勝手なニーズに応えるのが教育か」ともらした。

私が児童精神科医に質したいことは何かと聞くと、担任は「自閉症はパターンで構造化したほうがよいので、ある授業だけ教室に座らせ、その後の展開の見通しを伝えて、視覚的な認知を介した指示がよいのか」と付け足すかのように答えた。

＊知人もなく遠く離れて住む、若いまじめな母親が悪戦苦闘の育児に追われた独りぼっちの状況を思い起こした。孤立感にさいなまれ、子どもの後始末に独りで追われ、落胆し疲れはてた印象とちかいものが、その教員の表情に見てとれる。「自分のほうこそ救われたい、子どもの顔も見たくない、判ってもらいたいし、自分自身も情けない」と言っているかのように独りで抱え込んでいた。

安易な注文や指示はさらに疲れを増す。疲れの軽減の配慮が必要である。疲れがとれればそれなりに立ち直るであろうという眼差しで、時間にゆだねるために関わりを続けるという、余裕と相手の人格への信頼が重要である。疲れは連鎖し、悪循環に陥りやすいので注意されたい。疲れた担任が医療に求める動機は少ない。

2 病名についての基本的なこと

三大話にちかい羅列された用語の連なりに似た今回のタイトル自体、学校職員室に漂うある需要（ニーズ）に応えたものかもしれない。

メンタルヘルスに関する一般書は、魔法のマニュアルがあたかもあるかのように対応法を書き、バスに乗り遅れまいとする読者はそれを探し求める。当事者や現場の渦中から離れ、それまでの経験を尊重せず、専門家に求める安直さが気になる。

後に述べるように、療育は相互の情報の共有化が重要である。新たな知識獲得に熱心な人のなかには、ＬＤ児、ＡＤＨＤ児、自閉症児など、勝手に診断をして、その対応を述べる傾向すらあるが、現場をかえって混乱させている実情がある。

●子どもを理解するための補助線としての病名

メンタルヘルスの基本のことをあえて書かせていただく。抽象的になって申し訳ないが辛抱をしていただきたい。

医療と教育の連携は好ましいことであるが、最近は病名が独り歩きをして、病気別の教育があるかのような風潮が気になる。医学の病名は医療の文脈のなかで語られるべきことが本来であり、医者と患者による相互の経験の蓄積が臨床でもあり、病気はその意味で個別的なものとして語られるべきである。しかしその経験を踏み越えて、一般的に語られ始めだすときには慎重さがほしい。

病名は子どもの心を理解するうえでの補助線にすぎず、主役になってはならない。あえていうが、多動児、LD児、自閉症児という言葉は、実際はありえない。それぞれの名前をもったひとりの子どもが、ある病気や兆候を抱えているにすぎない。

具体的に支障をきたし、苦悩を伴った生活圏に生きる子どもの生き方、そして苦楽に接して生きる家族を理解し、地域で支援することが肝要である。問題をもった子どもの親は非難されやすく、またそうでなくても親は自ら罪悪感にとらわれ、被害的に受けとめて孤立しがちであり、二重の苦しみを味わうからである。

●風靡する理論の罠

分類学を出自とする医学病名のコードと、障害をかかえながら個別的に生きる子どもの現実とでは、その乖離は当然のことである。判らないことを判ったかのように声高に語る専門家には注意をされたい。

医学にとどまらず、耳目を集めたセンセーショナルな見識は、渦中の当事者にとっては混乱だけを引き起こした歴史がある。

三〇年前にも分裂病の発症に、親の育て方が誘因だとされ、子どもが親に謝罪せよと迫る、渦中の親子ともどもが混乱する理論が一世を風靡したこともある。自閉症のわが国での普及の過程は、親子関係論、認知論、社会論など、主導権を握る学派によって変化し、その当事者たちは親も含めて大きく揺れた悲劇がある。

仮説の流転を学者の転向、変遷といえばすむが、当事者がそのツケを受けたのではかなわない。当事者の苦しみをビジネスや名声に置き換える専門家と称する人もいる。

●子どもを知ること、知らないこと

知識は変遷する。医学情報もそのひとつであり絶対的なものではない。自閉症が提案され普及された五〇年間の歴史でも、二転三転の曲折が認められる。

また子育ては当事者から離れて、医学に収斂され体系化が試みられてきたが、医学から発信された子育て論も時代や文化で変遷し、逆に子育てにより時代の思惑がみてとれる場合も多い。

科学の名のもとであっても、正反対の子育てやしつけ論が展開されることも珍しいことではない。さまざまなニーズを巧みに取捨選択しながら、専門家の見解として流布される。流行の育児書の変遷、母乳論争も然り、あるいは教育論、青少年論に対しても同様である。そこに現場の実感とは異なる机上の「科学」がある。底流を流れる時代の要請やにおいを感じとりたい。

個別的な現場に密着した事例検討を通じて、子ども像の理解を重ねることが重要であり、それ以外の王道はない。子どもを他者に語ろうとして、逆に知らないことの多さに驚く、この視点の逆転が子ども理解の第一歩になる。

その子どもの生きてきた軌跡を確かめ、子どもと互いに判ろうとする過程こそが支援にも変わる。しかし子どもの苦しみや家族の対応、休み中のことにすら無関心で、学校で生じた問題行動のみの対応策をひねり出そうとする学校現場もある。当事者から学びたいものである。

●病名を知ることと関心をもつこと

少年による連続した非行事件が続き、理解に苦しむ子どもたちが話題になったのは最近のことである。非行件数などが数値としては減少しているが、大人の心底に漂う不安感が拭い去れないのも現在である。

報道に伴って、その頃から精神障害の病名が知られるようになった。歴史が浅く仮説である「行為障害」「多動性障害」などが、あたかも明確な概念のように流布された。事件後に精神鑑定で漏れでた病名が、その後、独り歩きして、同じ病名の当事者から誤解・偏見の苦情が報道に寄せられた。引きこもり、アスペルガー障害はその例でもある。

現実には曖昧模糊なものであるが、司法に要求される明確化や、その後の審判のために、さまざまな思惑をもとに病気のコードから病名が付託された。裁判で採用されたとしても絶対的に正しい病名はありえず、子どもの将来を鑑みて配慮された病名が時に付託されるが、世間は逆に受けとる。

危惧することは、病名を与えられたことにより、その子ども自身へのさまざまな関心が薄らいでしまうことである。

医療を懐疑的に悲観しているのではない。判らないながらも判ってきた事実や経験も多く蓄積されているし、そのなかで臨床の経験や薬物治療の恩恵は十分にあることも付記したい。

3 ADHD、LD、高機能自閉症とは

(1) ADHD（多動性障害）

ADHDは、①多動、②不注意、③衝動性（自己コントロールの弱さ）を主要とする症候群であり、そのうちのどれが基本的な中心症状かはいまだ諸説がある。

学校で問題になるのは①と③であり、②の不注意は学力不振と関連するが、それ自体は本人だけの問題であり、学校場面で支障をきたすことは少ない。

不適応、あるいは授業が成立しないことに対して、学校は過敏に動く傾向がある。①の多動で活発な男児は問題になり、③に基づく内省力の乏しさのために、トラブル時に反省よりも他を責めがちで反復しやすい。当事者の子ども本人よりも周囲の子どもが困るが、やがては仲間関係、学力、自尊感情などが二次的に支障をきたし、さらに問題行動が反復して悪循環に陥る。社会的承認に出会うことがない場合も多い。

問題視される年齢も重要である。就学前から問題が生じ、小学校低学年では顕在化する傾向がある。言い換えれば中学校で突然ADHDになることはない。

またADHDの子どもと一緒に騒ぎを起こす子どもがいて、そのために学級経営としての枠が維持できないとされたが、それは彼ら自身の問題であり、ADHDの子どもはそれほどの影響力をもたない。彼らは残念なことに影響力を発揮することは少ない。明るく人なつこい未熟な性格は、他の子どものなかでは適当にあしらわれやすい傾向がある。ADHDは頑固や融通性のなさなど対人関係や性

格の問題などは含まず、学校が深刻に悩む子どもは、ＡＤＨＤだけであることは少なく、その意味で「ＡＤＨＤモドキ」という周辺群の子どもたちである。

病因論はかまびすしくさまざまである。親のしつけはＡＤＨＤだけではなく、子どもの問題に対してはステレオタイプに、その原因として言われてきたし、「わがままか病気か」と悩む教員は今でも多い。強い叱声や力に頼っても、一過性に症状が弱まることはあれ、解消するものではない。むしろ力の対応は将来に禍根を残すこともある。行動の枠を決める原則は、できないことを避けることであり、できていることを汎化させるのに必要な細かな課題設定である。

(2) ＬＤ（学習障害）

ＬＤと自閉症は、心理的発達の障害のカテゴリーに含まれる。この共通項として、①発症は乳児期、小児期であり、②中枢神経系の生物学的成熟に関連した機能障害か遅滞があり、③他の精神障害の症状が揺れることとは異なり、本質的には変化が乏しく経過する、の三項目があげられる。

ＬＤは学力の特異的発達障害（ＩＣＤ-10）と呼ばれ、認知過程の異常が中心の障害である。教育界の注目が先であり、その後、医学でも教育のニードに圧され、病名として採用した経緯をもつ。

文化により対象は異なり、たとえば英国では軽度の知的障害児にみられる学習困難までを含み、そのために学力障害を学習障害と改称した経緯がある。ＬＤはいまだ揺れている概念である。

教育界とは異なり、医学ではその対象は狭い。全米学習障害協会の定義に近い文部省のＬＤの定義は医学とちかく、「学習障害とは、基本的には全般的な知的発達には遅れはないが、聞く、話す、読む、書く、計算する、または推論する能力のうち特定のものの習得と使用に著しい困難を示すさまざまな状態を指すものである。学習障害は、その原因として、中枢神経系に何らかの機能障害があると推定されるが、視覚障害、聴覚障害、知的障害、情緒障害などの障害や、環境的な要因が直接の原因になるものではない」とする。

ＬＤの下位分類である、読字障害、書字障害などはきわめて特異な障害である。たとえば読字障害は、「文字や単語を視覚情報としてその意味まで理解しても、それを音声的な情報に変換して取り入れて理解することができない」というのが最近の見解であるが、このような子どもはきわめて少ない。

学校がＬＤ児として扱い、問題視するのは認知の機能ではない。知的障害（精神遅滞）がなく、知能検査の下位分類で、動作性・言語性知能の乖離が認められ、問題行動や対人関係の不得手な子どもの群である。

確たる分類ができず、境界域の気になる子どもをＬＤ児と呼ぶ場合も多く、その呼称ゆえに教育界で受け入れやすく普及したのであろう。「クズカゴ診断」の代表でもある。

(3) 自閉症（広汎性発達障害）

相互的な社会関係と、コミュニケーションのパターンにおける質的障害であり、量的な程度の問題とは異にし、常同的で反復的な関心と活動の幅の三項目によって特徴づけられる。コミュニケーションの問題、あるいは社会性とは何かを考えさせる障害である。

自閉症という名前が混乱のもとでもあるが、小児分裂病と自閉症が混同して使われた時代がある。分裂病の主症状のひとつである「自閉」を病名に転用したためである。

親との情緒の交流を問題視した時代や、イ

ディオ・サバンと呼ぶ精神遅滞のなかでも秀でた特異な才能に注目を集めたこともあったが、今は発達障害のなかに包括されている。現在では広汎性発達障害（ＩＣＤ‐10）と呼び、ＬＤと比して広汎に発達が障害された群である。精神遅滞との合併が八割ちかいが、そのなかで知的障害がないときに高機能自閉症と簡便にいう。

言葉のコミュニケーションだけではなく、身振り、表情なども不適切で、仲間と分かち合う共感力が乏しく、周囲の状況への配慮に欠ける。そして言語交流でも特異な表現を反復させ、仲間との〝ごっこ遊び〟もできず、特異なことにこだわったり、手や指をヒラヒラさせたり（常同反復行動）、特定の手順に固執する傾向がある。教室のなかでも状況を無視して、ひとりで生きる子どもである。

「自閉的」「情緒障害」「こだわり」などとさまざまに呼ばれ、知識は一見あるように思えても一方的であり、生活場面で活かすことは難しい。特定の同一の構造やパターンにとらわれて、それが乱されたときにパニック・かんしゃくに陥りやすい。抽象的な指示を避け、視覚的な指示を活用し、同じ日課を繰り返し、変化の少ないパターン化をしたほうが混乱が生じにくい。

固執したパターンで社会化を工夫する場合もある。過敏さと意外なほどの非・過敏さで揺れる。情緒を落ち着かせることがパニック時には優先されるが、周囲の非難に配慮して親は怒ってみせてもよけいに激し、収束が難しくなることもある。

脆弱さのために揺れやすく、ストレス下でも対処する力（コーピング）が乏しい。そのために状況だけではなく、睡眠などを含めた体調、また周期的な気分の波、またパニックやかんしゃくの収束の仕方などを把握し、わずかでも築かれた対人関係能力や個別的な安心できる時間の流れを把握したい。

端的にいえば子どもの個性、ペースの重視である。子どもを社会に合わせるのではなく、脆弱な子どもに合わせた社会の居場所を見出し、つくりだす視座も現時点では重要である。

4 対応を考えるための共通した視点

この三つの障害名に特徴的というのではないが、孤立し授業にのらず、かんしゃくや自傷などを繰り返す子どもへの対応に共通する事柄を、以下にまとめる。

①中枢神経系の何らかの機能障害が想定され、生物学的な素質因子が強調されているが、未熟で社会性の乏しさゆえに、子どもを受け入れる教育の場や地域社会が必要で

ある。試行錯誤を保証できる時間の保証、そして柔軟なシステム（配慮を要する教育など）が望まれる。

②一見、課題ができそうでもできにくく、周囲から期待される要求水準では混乱しやすい。障害を認めて距離をもつことが重要である。決めがたいとはいえ、学校や親などの交流で要求水準の共有化が求められる。できること、できないこと、できないときの子どもの反応、大人の対応の共通確認である。

　状況や気分によって異なり、学校で問題が起きやすいので、親と学校が情報を共有化するのが重要である。しかしある程度の学力があるために、学校と親は病因をそれぞれに転嫁しやすく、また障害かしつけか子どもの性格かという、紋切り型の議論に陥りやすいのも実際である。

③子ども本人よりも周囲が困らされる傾向があり、周囲は巻き込まれ疲れやすい。親や担任などにレスパイトケアが欠かせないために、周囲への経時的なマンパワーを補充する工夫が必要である。

④発達障害圏には歴史がある。幼児期から問題が生じ、集団ルールで問題が顕在化しやすい。受容やカウンセリングだけでは社会スキルの獲得は難しく限界があるが、パターン化された型ハメに似た指導だけでも問題である。そのバランスこそが求められる。

⑤同年齢集団、仲間から孤立しやすく、社会から誉められる経験が乏しくなり、二次的な障害をうみやすい。子ども自身では社会参加の選択は乏しくなるので、さまざまな経験が有効であり、大人が介在して同年齢集団と出会わせる工夫がほしい。

⑥障害の本質は変わらない。しかし成長や経験の積み重ねで適応力は増す。また多動・衝動性、あるいは気分の安定化には薬物療法は有効である。そのためにも体調や不機嫌などに着目したい。

5　情報を共有化するために

　孤立し対人関係が不得手な子どもの問題行動、あるいは集団における不適応行動に直面をした場合に、最初に考えることは、親と情報を共有していく姿勢であり、けっして学校を防衛するためであってはならない。

　子どもの問題が生じた際は、母親は疲れて夫婦のきしみが生じやすいので両親同席で話を進めてゆきたい。

　その意味でも親から学ぶ姿勢が重要である。親は病名で困っているのではなく、ある変化によって支障が起きたため、また具体的な事柄や周囲の反応のために困っているのが現実である。指導が先にあると反発を招きかねない。また障害受容を体得するには時間がかかるものである。

　親からの情報は痛みや恥を伴う場合が多い。性急に情報を聞くのではなく、その思いを優先させたい。子どもの問題点だけではなく、子どもの健康な面にも言及したい。

　関わりを太くするなかで思いがけない逸話を聞くこともある。親支援の視点で、夏休みなど学校のない場面、あるいは放課後、塾、お稽古事、遊びなど、他の同年齢集団での状況ではどうかなどにも関心を払いたい。

　学校で問題視されたが、その意味で、誰にとっての問題（不適応）なのか、誰が気になるのか、誰がもっとも深刻に悩んでいるのか、誰が支障をきたしているのか、誰が疲れているのかを明らかにしていくのが関わりのすべてである。

　発達障害の場合には同じようなエピソードを繰り返す場合もあるために、生育歴をおさらいすることが、現在の問題に対する解決のヒントにもなる。

学校と医療が連携するためにも親が重要である。

医療、教育、福祉、心理など、就学前にさまざまな分野で診断や相談がなされていることが多い。病名ではなく指導や内容が重要であり、しかも経時的に親子に関わってほしい。専門家の活用の仕方、あるいは受診に伴う欠席で躊躇する親子もいる。他人のためではない、親子にとっての医療が重要である。未治療やドクターショッピングも躍起になる必要はない。

学校内の問題の共有には、複数で検討をしたい。また家庭訪問、級友の評価など、状況や他者との関係など子どもの生活圏全体を把握したい。また母親だけではなく、父親や祖父母、兄弟など周囲の情報も必要である。

そのためにも親は学校に何を望んでいるのかを確認し、とりあえずできることから解決したい。悪循環を変えることが必要である。安易に親を学校に呼び寄せ、学級の見学を課したり、マンパワーとして代用すると負担は強くなり疲弊する。

クラスの他の親子の理解や雰囲気も重要である。問題行動への苦情や工夫なども把握したい。その意味で困ったことを秘するのではなく、皆で共有していく姿勢が、地域の力を逆に引き出す。

発達障害には療育は欠かせない。当事者の経験主義と専門家の普遍性の出会いが療育の基本である。どのように子どもが生活をしているのかという全体像の視点、言い換えると子どもの生活圏、そこでの問題だけではなく現場の雰囲気、あるいは家族や地域の様子へと関心の波紋を広げていきたい。

どのような子どもにも成長がある。発達障害も同じである。一朝一夕には変わらないからこそ、周囲の大人の関わりが貴重である。関わりを持ちつづけようとする姿勢こそがすべてである。

（No.68、二〇〇二年冬号所収）

ＬＤ親の会から――

ニーズに応じた特別支援教育に望むこと

山岡　修
Yamaoka Shyu
全国LD（学習障害）親の会
事務局長

「全国ＬＤ親の会」とは

全国ＬＤ親の会は、全国各地で活動しているＬＤ（学習障害）児・者をもつ親の会の全国組織です。一九九〇年二月に設立し、現在は四四都道府県五六団体が加盟しており、その総会員数は約三〇〇〇名です。

全国ＬＤ親の会は、文部科学省、厚生労働省等中央省庁への要請活動、日本ＬＤ学会等の学術団体、障害者団体、学識経験者との交流・情報交換、マスコミなどを通しての社会的啓発等に取り組んでいます。また、各地の親の会の情報交換・活性化や地域間にあるＬＤへの理解・対応の格差の是正などの活動を行なっています。

1 ニーズに応じた特別な支援教育へ
――「二一世紀の特殊教育の在り方について」（最終報告）を受けて

二〇〇〇年一月一五日に、文部省協力者会議による「二一世紀の特殊教育の在り方について」（最終報告）が公表されました。この報告書は、一九六九年の「特殊教育の基本的な施策のあり方について」以来、約三〇年ぶりに特殊教育の枠組みを見直そうというものであり、多岐にわたり革新的な提言が示されています。

また、従来、各方面から指摘されていた問題点や、私たち全国ＬＤ親の会が要望してきた事項がかなり含まれており、全体として革新的であり、期待に応えた内容であると評価しています。

この報告書では、今後の特殊教育のあり方について、ノーマライゼーションの理念実現に向けた取り組みが社会全体として必要であること、障害の重度重複化の進展、通常の学級でのＬＤ児等への対応が必要になってきたこと等から、「場に着目した特殊教育」から「ニーズに対応した特別支援教育」への転換を基本的な考え方として打ち出しています。

わが国の特殊教育は、障害をカテゴリーに分け基準を設けて措置することを基本としてきました。戦後半世紀余の間、対象・施設・制度面で、大きな後退もなく、着実に拡充を果たしてきたことは評価に値します。

しかし、アメリカで特殊教育を受けている児童・生徒数は五二〇万人（一一・〇％）で、そのうちＬＤが二六〇万人（五・六％）を占めています（一九九八・九九年のＩＤＥＡの議会報告、六・一七歳）。

こうした先進国と比較すると、わが国の特殊教育の対象はあまりにも少なく、そのぶん軽度の障害やＬＤのような特別のニーズのある児童生徒への取り組みは不十分な状況におかれてきたといえます。

そうした意味で一人ひとりのニーズに応じた特別な支援教育の必要性を提言しているこの報告書は、わが国の特殊教育の枠組みを根本から変えていこうという歴史的な内容といっても過言ではありません。

特にＬＤ児、ＡＤＨＤ児、高機能自閉症児等の特別な教育的支援を必要とする児童生徒への対応については、従来の特殊教育の枠組みを越えるものであり、実現への道のりはかなり険しいことが予想されます。過去の事例を紐解くと、通級による指導については、一九六九年の「特殊教育の基本的な施策のあり方について（報告）」で必要性が提言されましたが、制度化されたのは一九九三年のことで、実に二四年も要しているのです。

現実に多くの子どもたちが、適切な援助を待っており、そんなに悠長に構えているわけにはいかないのです。全国ＬＤ親の会では、早期実現を目指し、関係団体との意見交換、連携を進めているところです。

一方、現行の特殊教育の基本施策を展望すると、先に述べた一九六九年の「特殊教育の基本的な施策のあり方について」が、現在に至るまでの施策展開の基本におかれてきています。見方を変えれば、いまだに三〇年前の報告書の提言を超えることができていないということなのです。

今回の報告書も長期的な基本施策を提言した、重要な報告書であるということを念頭におく必要があります。実現させるならば小手先の手直しではなく、根本的な見直しを図り、本格的に取り組んでもらいたいというのが、運動体としての親の会の立場でもあります。

2 わが国のＬＤに対する取り組みの歴史

わが国におけるＬＤに関する研究は、一九六〇年前後から医学を中心に始まり、微細脳機能障害（ＭＢＤ）などさまざまな診断名がつけられていました。一九七五年に「学習能力の障害」（ジョンソン、マイクロバスト）の翻訳によりＬＤの概念が紹介され、心理・教育の分野でも徐々に研究が進められていきました。

そして一九九〇年二月に、親の会の全国組織である「全国学習障害児・者親の会連絡会」（現在の全国ＬＤ親の会）が結成されたのを一つのきっかけとして、一気に開花していきます。

全国ＬＤ親の会は設立直後から、中央省庁、国会、政党などに対する要望・請願等を行ない、マスコミにも取り上げられ、社会的な関心を集めました。

一九九二年三月に出された通級学級に関する協力者会議の報告（審議のまとめ）では、ＬＤは通級の対象とはならなかったものの、報告書の後半のほとんどがＬＤの問題に割かれました。LDの存在を国が正式に認めたのです。そして、同年六月にはLD等に関する文部省・協力者会議（学習障害及びこれに類似する学習上の困難を有する児童生徒の指導方法に関する調査研究協力者会議）が設置され、一一月には日本LD研究会（現在の日本LD学会）が発足しました。

一九九五年三月には協力者会議の中間報告が出され、学習障害の定義も公表されました。文部省は、調査研究協力校や国立特殊教育総合研究所でLDの実証研究を開始し、リーフレットや冊子の配布、巡回指導などのモデル事業に着手し、LDに関する研究・研修・実証研究などに取り組んでいきました。

一九九九年七月には、協力者会議の最終報告が出され、LDの指導の場や指導方法等が提言され、LDの判断・実態把握の試案も示されました。文部省はこの最終報告を受けて、二〇〇〇年度は一五地区で、二〇〇一年度からは、四七都道府県でLDの判断・実態把握のモデル事業に取り組んでいるところです。

このように、わが国におけるLDに対する取り組みは、ここ一〇年で大きく進展し、社会的な理解も少しずつ進んできました。教育現場での対応も着実に改善されてきており、自治体が独自に対応を講じたり、熱心に取り組んでくださる現場の先生が増えてきたことは確かです。しかしながら、現状、LDは、教育施策上支援の対象として正式に位置づけられているわけではなく、大半のLD児たちは適切な支援がないままに放置されているのです。

3 なぜ支援の対象とする必要性があるのか

援助を待っている子どもたちがいる

通常の学級に在籍する、LD児、ADHD児、高機能自閉症児等の特別な教育的支援を必要とする児童生徒は、障害としては軽度の部類に入ります。一見普通に見えることもあり、それは個性であり、障害として特別扱いすることに対する疑念の声もあります。

LD等は、一九八一年にWHO（世界保健機関）が出した障害の三つのレベルからみると、一番目のImpairment（機能障害）ではなく、二番目のDisability（能力障害、機能的な落ち込み）に該当します。このDisabilityを他の能力でカバーできれば個性の範囲に収まるが、そうでない場合は社会的な不利益を被ることが多く、三番目のHandicap（社会的不利）にも該当するのです。

たとえば、音痴とか運動が苦手という程度であれば、学校や社会のなかでときどき恥をかく程度のことはあっても、他の能力で補えれば大きな不利益を避けることが可能であり、「個性」と呼ぶ程度の困難ですむかもしれません。しかし、たとえば他のことは普通にできるのに、数の概念が身につかず、簡単な足し算を暗算ではできないとなると、学校や社会のなかで、勉強・遊び・買い物などあらゆる場面で、多くの困難に出会い、社会的不利益を避けることは難しいのです。

LDは、かつては脳機能不全、脳損傷、読み障害、知覚障害と、さまざまな障害名で呼ばれていました。しかしそれらの診断名は指導とは結びつかないことから、一九六三年にアメリカで教育的支援の対象とするために提案されたのが、Learning Disabilitiesという用語なのです。そして、一九七五年の全障害児教育法（PL　九四―一四二）で、LDは支援対象のカテゴリーの一つとして認められたのです。すなわち、当時のアメリカでもLD等への対応は、医学を中心とした診断にとどまっており、これらの子どもたちを療育の対象として取り組もうとした動きが、LDという概念用語を生み出したのです。

約三〇年前にアメリカで巻き起こった「クリニックからクラス」へという動きが、ようやく日本でも本格化しようとしているのです。アメリカでは特殊教育を受けている児童生徒は、全体の一〇％を超えています。そして、その多くは通常のクラスのなかで支援を受けており、決して「特殊」な存在ではないのです。「困っている生徒がいれば、援助するのが当然」であり、「特別なニーズがあるなら、特別な支援を受ける権利がある」といった考え方が根底にあるからなのです。

LDは、認知的な機能障害が原因で読み書き算数等の習得と使用に独特の困難をもっています。現状、LD等の子どもたちの多くは、通常の学級の画一的な一斉授業のなかで放置され、授業についていけず苦しんでいます。やる気がないと怒られたり、いじめられたりする無理解な対応が重なると、自己有能感を失い、チック、緘黙などの二次的障害を引き起こし、不登校やひきこもり等に陥る残念な例が後を絶ちません。

LD等の児童・生徒は、読み書き・計算などに独特の困難をもっています。他のことは普通にできるために、やる気やしつけの問題とされ、理解すらされずに放置されているのです。「特別扱いはしない」「みんなに公平に」という声をよく聞きますが、ニーズのある子どもたちを、正しく理解し、ちょっとした配慮、必要に応じた支援を行なうことは、決して特別扱いではないのです。

実は教育の現場において、診断名はあまり大きな意味をもちません。その子どもがLDであるかどうかよりも、むしろ何ができて、何が苦手か、そしてその要因は何かを把握することのほうが大切なのです。

しかし、特別なニーズをもつ児童・生徒については、きちんと実態を把握し、個に応じた支援を計画的に行なっていく必要があります。そのためには、特別支援教育の対象とするかどうか、個々の児童を認定するような仕組みが必要となってきます。認定された児童は、特別な支援が約束されるということになれば、安心して教育を受けることができるのです。

この認定をレッテル張りとして問題視する声があること自体が、わが国の特殊教育の後進性を表わしています。分けて措置するのが従来の特殊教育だとすれば、ニーズに応じて選択できるのが、二一世紀の特別支援教育のあり方です。一人ひとりのニーズに応じた教育が名実ともに実現していけば、特別支援教育は、決して特殊なものではなく、前向きのものとしてとらえられるはずでしょう。

いずれにしても、多くの特別なニーズをもつ子どもたちが援助を待っているのです。現在の仕組みでは、理解されず放置されている子どもたちが数多くいることを忘れてはいけません。

4 注目したい「特別支援教育の在り方に関する調査研究協力者会議」

文部科学省は、「二一世紀の特殊教育の在り方について」で出された施策を具体化するため、二〇〇一年一〇月に「特別支援教育の在り方に関する調査研究協力者会議」を設置しました。この協力者会議では、特別支援教育の内容等について、障害種別の枠を越えた盲・聾・養護学校の在り方等について、小・中学校等の特別支援教育の今後の在り方について、があげられており、注意欠陥／多動性障害（ＡＤＨＤ）、高機能自閉症等への教育的対応等が、このなかの一つのテーマとなっています。

ここに、文言上ＬＤ（学習障害）が入っていないのは、ＬＤについては前述のように、一九九九年七月の最終報告により、すでに定義や指導方法等についての提言が出され、四七都道府県でのＬＤの判断・実態把握のモデル事業が開始されている等、一歩進んでいるからです。

そこで、今回の協力者会議では、ＡＤＨＤや高機能自閉症について、定義や全国的な実態調査、指導方法や指導の場等について検討され、その後ＬＤも含めた通常の学級に在籍する特別なニーズをもつ児童生徒に対する教育的支援について、具体的に検討されていく模様です。今回の協力者会議は、今後の特別支援教育の方向性を決める重要なものであり、今後の動向に注目していただきたいと思います。

5 特別支援教育を実現させていくために

通常の学級に在籍するＬＤ等の特別なニーズをもつ児童生徒は、従来の調査では数パーセントはいると想定されることから、これらの児童生徒を特別支援教育の対象とするということは、特殊教育の枠組みを大きく変えることとなり、大規模な取り組みが必要となります。昨今の財政状況や地方分権という流れを考えると、実現させていくのは簡単ではありませんが、長期的展望に立って、前提条件や体制を整備していくことが必要です。

(1) 前提条件の整備

第一に、ＬＤ等への対応を含めた特別支援教育は、従来の特殊教育のように隔離された世界ではなく、通常の学級で日常的に対応していくことが求められます。このため、教職課程の見直し、教職員・校長・教頭に対する研修等の充実等により、教職員の軽度発達障害に対する専門知識の向上を図っていくことが必要です。

第二に、特別支援教育に専門的に携るためには、通常の学級の担当教諭以上に、専門的知識・技能・経験が必要です。長期的展望に立って専門家を養成していくためにも、特別支援教育に専門的に従事する教職員の待遇改善が必要です。

第三に、学級担任だけの力では、十分な支援を行なっていくことは困難であり、通常の学級において特別支援教育を定着させていくためには、学級担任を支える専門家の存在が不可欠です。小児精神科医、スクールカウンセラー、セラピスト等の専門家を育成し、活用していくことが必要です。

第四に、ＬＤ等に対する指導については、放課後の指導やＴＴに加え、個別や小集団による指導が効果的です。通級指導教室やオープン教室のような場で、個に応じ、必要に応じ指導できる体制が望まれます。指導時間の弾力化や対象児童の拡大等、通級による指導の弾力化、拡大が必要です。

(2) 取り組み体制

第一に、地方分権化の時代を迎え、特別支援教育についても、地域格差が拡大していくことが懸念されます。制度として導入する際は、明確に位置づけをし、国費による負担により、全国一律にある程度の規準を確保できるように実施することが必要です。

第二に、特別な教育的支援を必要とする児童生徒については、障害種別や程度による限定列挙的、画一的な基準では対応できません。

LD等は症候群であり、かかえる困難はさまざまです。子どもの症状には連続性があり、LD、ADHD、高機能自閉症などは、周辺部分では互いに重なり合っていて、典型的な例を除くと、診断にブレが生じるケースが少なくないのです。特別なニーズをもつ児童生徒を特別支援の対象として認定するに際しては、こうした連続性や診断のブレについて配慮すべきです。

したがって、核となる対象を定めることは、実務的に必要ですが、弾力的な運用を図り、診断名にこだわらず、支援の対象とすることが必要なのです。

第三に、LD、ADHD、高機能自閉症等は症候群であり、個々の児童生徒がかかえる症状はさまざまです。それぞれの子どもがもつ認知特性やかかえる困難を把握し、計画性をもって支援を行なっていく必要があります。このために、一人ひとりの特性に合わせた個別の指導計画（IEP）の作成を義務づけ、これに基づいた指導を行なうことが必要です。

第四に、LD児等への対応は担任教諭だけでは限界があり、学校全体として取り組むべきものです。校内委員会などを通じ、担任教諭に対する学校全体によるサポート体制の確立が必要です。

第五に、LD児等への教育的支援は、長期的展望に立ち、一貫性をもって行なわれる必要があります。そのためにも、指導記録の引き継ぎ等により、学年間、小・中学校間等の縦の連携が不可欠です。また、学校だけでなく、家庭や専門機関との横の連携も必要です。

(3) 指導上の配慮事項

第一に、個々の子どもがかかえる症状はさまざまです。したがって個々の子どものもつ特性を理解し、ニーズに合わせた配慮・支援を行なう必要があります。

第二に、LDの子どもたちはまわりの子どもが簡単にできることがうまくできず、自信や意欲を失いがちです。出番や活躍の場を与える配慮や、スモールステップによる指導や小さな成功体験を味わわせることにより、自信や意欲をつけさせるような配慮が必要です。

第三に、LD等の子どもたちは、勉強が苦手だったり、不器用だったり、集団行動がとれなかったりすることから、クラスのなかでからかわれたり、いじめの対象になったりすることが多いのです。人それぞれ顔が違うように、皆それぞれ違いがあり、それが当然なのだということを皆が理解し、クラス全体でその子どもを受け入れる雰囲気づくりが大切です。

6 自立した豊かな生活を送るために

新規で大規模な事業となる、LD等に対する特別支援の実現は簡単ではありません。全国LD親の会では、国などへ早期実現を要請していくべく、関連団体とも意見交換を重ねながら、幅広く連携を呼びかけているところです。

LD等の子どもたちが、生き生きとした充実した学校生活、自立した豊かな社会生活を送れるようになることが、親である私たちの何よりの願いです。一日も早く、LD児等の特別なニーズのある児童生徒への支援が実現していくことを望んでいます。

（No.68、二〇〇二年冬号所収）

特別支援教育に関する その後の動向と今後の方向性

本誌の「LD、自閉、多動」(68号)でご紹介した、文部科学省の「特別支援教育の在り方に関する調査研究協力者会議」は、二〇〇二年一〇月に、「今後の特別支援教育の在り方について(中間まとめ)」を公表しました。この報告書の内容を中心に、最近の動向と今後の方向性についてまとめてみました。

1 「特別支援教育の在り方に関する調査研究協力者会議」作業部会に参加して

二〇〇一年一二月から二〇〇二年四月まで、文部科学省の「特別支援教育の在り方に関する協力者会議の作業部会」にLD親の会を代表して参加させていただきました。この協力者会議は、二〇〇一年一月に公表された「二一世紀の特殊教育の在り方について」で示された提言を施策として具体化していくために設けられたものです。

筆者が参加させていただいたのは、「ADHD、高機能自閉症等への教育的対応について」をテーマとした作業部会です。メンバーは、大南英明先生を部会長に、上野一彦先生をはじめ、学識経験者、医師、学校長等の専門家に加え、今回は支援団体から、自閉症協会・須田初枝氏、えじそんくらぶ・高山恵子氏、全国LD親の会の筆者の三名が委嘱を受けたことが画期的であったと思います。テーマに文言上LDが入っていないのは、LDについては、一九九九年七月の「学習障害児に対する指導について」により、すでに定義や指導方法等についての提言が出され、LDの判断・実態把握のモデル事業が四七都道府県で開始されているなど、一歩進んでいたからです。

六回行なわれた作業部会は、まず、ADHD・高機能自閉症の定義・判断基準、指導方法等について各二回ずつ検討し、五～六回目でLDを含めた全体整理を行ないました。今回の会議では、委員は予想以上に活発に意見を出し、文部科学省の事務局も柔軟に意見を取り入れていくという場面が多く、文部科学省が前向きに取り組もうとしている姿勢が感じられました。

会議のなかでは、LDは教育的定義・診断名であり、ADHD・高機能自閉症は医学的診断名であることから、議論が錯綜するような面もありました。また、診断名にこだわらずに支援すべきとする意見と、逆の意見がぶつかる場面もありましたが、全体としては、LD等の子どもたちに対しニーズに応じた教育的支援を推進していくという方向性では一致しており、いかにして実現性・実効性の高い施策提言としてまとめていくか、ということが焦点となっていました。

各委員からポイントをついた意見が出され、LD等にも詳しい二名の調査官が文部科学省側の事務局に入っておられたこともあり、作業部会のまとめの時点では、大切なポイントはおおむね織り込まれたものとすることができたと思います。

2 「今後の特別支援教育の在り方について(中間まとめ)」の概要

文部科学省協力者会議は、二〇〇二年一〇

月に、「今後の特別支援教育の在り方について（中間まとめ）」を公表しました。パブリックコメントという形式で、広く意見を聞いたうえで年度内には最終報告としてまとめられる予定になっています。

中間まとめでは、障害の程度に応じて特別の場で指導を行なう「特殊教育」から、障害のある児童生徒一人ひとりの教育的ニーズに応じて適切な教育的支援を行なう「特別支援教育」への転換を図ることを基本的な方向性として示しています。

具体的には、①特別支援教育を具体化するために、就学から学校卒業までを通じて策定する「個別の教育支援計画」、②障害種別毎に設置されている盲・聾・養護学校を、障害種別を超えてより柔軟な設置を可能とする「特別支援学校」、③学校において内外との調整などを行う「特別支援教育コーディネータ」、④特殊学級、通級による指導等の制度見直し、より柔軟な「特別支援教室」への転換、⑤特殊教育免許状の総合化などの制度見直し、⑥国立特殊教育総合研究所の機能強化などによる特別支援教育体制の専門性の強化、などを提言しています。

また、ADHDと高機能自閉症についてその定義と判断基準、学校現場における気づきのポイント（実態把握のための観点）、指導方法を試案として示しています。LDについては一九九九年七月に、定義と判断基準がすでに示されていますので、通常の学級において特別なニーズをもつ子どもの代表的な存在であるLD・ADHD・高機能自閉症について定義と判断基準が出揃ったことになります。

なお、この中間まとめについては、文部科学省のHPで全文が公開されていますので、ぜひご覧ください。

http://www.mext.go.jp/b_menu/public/2002/021004a.htm

3 LD・ADHD・高機能自閉症に関する全国的実態調査

文部科学省は、二〇〇二年二月から三月にかけて、全国五地域で通常の学級に在籍する児童生徒約四万人を対象とした実態調査を実施し、その結果がこの中間まとめの参考資料として公表されています（表1〜3参照）。

調査は担任教師に対する質問紙によって行なわれていて、確定的な診断ではありませんが、知的発達に遅れはないが学習面や行動面に著しい困難を示す児童生徒の割合は、約六・三％という結果が示されています。これを領域別に見ると、LD・ADHD・高機能自閉症の疑いのある児童生徒は、それぞれ四・五％、二・五％、〇・八％の割合となっています。また、何らかの著しい困難を示す

表１　知的発達に遅れはないものの学習面や行動面で著しい困難を示すと担任教師が回答した児童生徒の割合

学習面か行動面で著しい困難を示す	6.3%
学習面で著しい困難を示す	4.5%
行動面で著しい困難を示す	2.9%
学習面と行動面ともに著しい困難を示す	1.2%

表２　知的発達に遅れはないものの学習面や行動面の各領域で著しい困難を示すと担任教師が回答した児童生徒の割合

A：「聞く」「話す」「読む」「書く」「計算する」「推論する」に著しい困難を示す	4.5%
B：「不注意」または「多動性－衝動性」の問題を著しく示す	2.5%
C：「対人関係やこだわり等」の問題を著しく示す	0.8%

表３　A・B・Cの関連

A かつ B	1.1%
B かつ C	0.4%
C かつ A	0.3%
A かつ B かつ C	0.2%

児童生徒を男女別にみると男子は八・九％、女子は三・七％の割合であるという結果が示されました。

今までわが国ではＬＤ等についての大規模な実態調査は行なわれていませんでしたので、ＬＤは数％はいるのではないかと推定されているだけでした。したがって今回文部科学省の調査によって示された、約六・三％という出現率は大きな意味をもちます。今後いろいろなところでこの数字が使われ、ＬＤ児等への教育施策の立案の基礎データとなっていくものと思われます。

4　報告書（中間まとめ）が示すもの

今回の報告書は、今まで教育的な配慮・対応が不十分であったＬＤ、ＡＤＨＤ、高機能自閉症等の子どもたちについてその存在を認め、教育的支援が必要であるということを明記しています。そして、このＬＤ、ＡＤＨＤ、高機能自閉症等の子どもたちの定義・判断基準や教育的支援に必要な諸施策を体系だって示していることは画期的です。また報告書全体を通じ、児童生徒本人の視点、保護者の意見を尊重するという姿勢がうかがえることも評価できます。

さて、この報告書では多くの提言が示されていますが、ＬＤ、ＡＤＨＤ、高機能自閉症等に関わる部分をまとめてみたいと思います。

(1) 特別支援学級

この報告書のなかで最も大胆かつ画期的な提言は、現在の盲・聾・養護学校を特別支援学校へ、特殊学級、通級指導教室を特別支援教室へそれぞれ転換を図ろうという部分です。そのうちＬＤ、ＡＤＨＤ、高機能自閉症等の児童生徒に対する特別の指導の場として提言されているのが、現在の特殊学級と通級指導教室をより柔軟な形にして統合した特別支援教室です。特殊学級に通う児童生徒は、現行制度では在籍は特殊学級となりますが、報告書の提言では通常の学級に在籍したうえで障害に応じて特別支援教室で指導を受けることになります。

これにより、固定級としての特殊学級はなくなり、必要に応じて特別支援教室に通うことになります。もちろん場合によっては一〇〇％特別支援教室に通うことも考えられますが、たとえば週に一〇時間は通常の学級に通うということも可能になります。また、通級による指導についても、現在は一～三時間程度となっている指導時間について柔軟に対応することができるようになります。

この特別支援教室を実現させるためには、現在の特殊学級の設置を定めている学校教育法七五条や学校教育法施行規則の改正が必要です。また、通級による指導、教職員定数の標準を定めた法令や通達を見直すことが必要となります。法令の改定に伴い、LD、ADHD、高機能自閉症等が特別支援教育の対象として、学校教育法施行規則等に明記されることが期待されます。マスコミ報道によると、早ければ二〇〇四年度の通常国会で審議され、二〇〇五年度から実施の方向で検討されているようですので、今後の動向に注目していきたいと思います。

(2) 特別支援教育コーディネータ

LD、ADHD、高機能自閉症等の児童生徒に対して適切な対応を図っていくためには、学校内の協力体制だけでなく、学校外の関係機関との連携協力が不可欠です。たとえば、医療機関や福祉機関との連携協力や、学校外の専門家を非常勤講師に活用するなど、常に児童生徒のニーズに応じた教育を展開していくための柔軟な体制づくりを検討することが必要となります。

学校内および関係機関との連携を円滑に行なうために、障害のある児童生徒等の発達や障害に関する知識をもった連絡調整役として提言されているのが「特別支援教育コーディネータ」です。そして、特別支援教育コーディネータとして特殊学級や通級指導教室の担当教員や特殊教育の経験者がその役割を担うことを想定しています。

前述の全国的実態調査によるとLD、ADHD、高機能自閉症等の児童生徒は全体の約六%いるわけですから、クラスに二～三人はいる計算になります。すべての教職員がLD等に対して知識をもち、適切に対応できるようになることが理想ですが、そう簡単なことではありません。イギリスでは、SENコーディネーター（SENCO）が各学校に配置されています。専門知識や経験をもった特別支援教育コーディネータがすべての学校に配置され、通常学級の教員にアドバイスをしたり、学校内の協力体制の確立、特別支援教室などの特別な支援の場のアレンジ、学校外の関係機関との連絡調整役として機能することが、すべての学校でLD等に対する支援が定着するためには不可欠だと思います。

特別支援教育コーディネータをわが国で定着させていくためには、指名して役割を付加するだけでなく、①適切な人選、②時間など必要な環境の整備、③役割分担の明確化、④地位の向上、⑤人材の育成、などに取り組む必要があると思います。

(3) 個別の教育支援計画

一人ひとりの児童生徒の教育的ニーズに応じた教育的対応については、「個別の指導計画」や卒業後の円滑な就労支援を目的とした「個別移行支援計画」の実践研究など、部分的に進められつつありますが、就学から学校卒業まで一貫したものとして提言されているのが、「個別の教育支援計画」です。

「個別の指導計画」や「個別移行支援計画」は断片的なものですが、「個別の教育支援計画」は学年や学校を超え、一人ひとりの児童生徒について継続的に使われるものとなります。学年が変わるたび、学校を変わるたびに子どもの状態を理解してもらうことに苦労してきた保護者にとっては、待ち望んでいた仕組みと言えます。一人ひとりの児童生徒を継続的に一貫して支援していくことにより、より効果的・効率的な取り組みが期待できますし、担当する教職員にとっても貴重な資料となると思いますので、早期に実現することが望まれます。

そして、この「個別の教育支援計画」が基礎となって、教育だけでなく医療・福祉・労働なども含め、乳幼児期から卒業後までの一生涯を通した「支援計画」に発展してことを期待しています。

5 これからの方向性

前述の全国的実態調査によって、LD等の疑いのある児童生徒の割合は約六%ということが明らかになりました。この六%の児童生徒(または保護者)のすべてが、特別な教育的支援を望むかどうかはわかりませんが、すべての学校、すべての学級で対応できる体制を構築していくことが必要と考えられます。

今回の報告書に示された諸施策がすべて実現すると、LD等の子どもたちに対する対応は大きく変わります。各都道府県には複数の専門家チームが配置され、すべての学校に校内委員会が設置されます。すべての教員はLD等の発達障害に関する基本的な知識をもち、必要な場合は校内の特別支援教育コーディネータや教育センターのアドバイザーに相談することができます。

学校に児童精神科医、スクールカウンセラー、LD教育士(日本LD学会が養成・認定しているLD教育の専門家)等の専門家やボランティア等が入り、教員をサポートします。

保護者が特別な支援を求めた場合は、専門家チームの診断・判定を経て、保護者も関与して個別の教育支援計画が作成され、それに基づき特別支援教室での指導、TT、配慮指導等、一人ひとりのニーズに合わせた支援が開始されます。

しかし、昨今の情勢を考えるとこのような理想的な姿にすぐになるわけではありません。行政に過大な期待をし、要求して待っているだけでは絵に描いた餅になってしまう危険性があります。夢を追って現実離れした姿を求めているだけではなく、実現させていくためにはどうしていくべきなのか、現実を見つめて積み上げていくことが必要なのです。

理想的な方向に向かって、行政、保護者、地域全体で時間をかけて取り組んでいくことが必要なのです。これからLD、ADHD、高機能自閉症等の児童生徒に対する支援教育を実現させていくために必要なポイントをあげておきます。

(1) 国はミニマムスタンダードを示し、保証する

地方分権化、昨今の財政状況を考えると、国が一挙に予算と資源を投入して全国一斉にLD等の子どもたちへの対応を進めていくと

いうことは考えられません。

しかし国は、今回の報告書で示された諸施策が実現していくように、法令の改定などの必要な手続きを進めるとともに、枠組み、アクションプラン等をより具体的に示す必要があります。また、地域格差を抑え底上げを図っていくために、ミニマムスタンダードを示し、予算的な裏付けと指導によって、全国どこにいてもこれだけの教育的支援は受けられるという最低限の水準は保証していくことが必要だと思います。

(2) スーパーマンは望まない

各クラスに一人か二人ＬＤ等の子どもたちがいるとすると、担任の先生のＬＤ等に対する、理解、配慮、支援が不可欠になります。親の会の要望事項で必ず真っ先に出てくるのが、教員の理解向上なのです。

教職課程での発達障害全般に関する単位の義務づけや、現職教員に対する研修の充実、啓発資料の配布等の施策は不可欠ですが、それでもすべての教員が多様なニーズをもつＬＤ等の子どもたちに的確に対応するというのは至難の業です。スーパーマンは望まないほうがよいのです。

それではどうしたらよいのか？　教員をサポートする体制を整備して、ある程度の基礎知識を備えた教員であれば対応できるようにしていくことが現実的な方策だと思います。

校内においては、特殊学級、通級指導教室の担任教員や特殊教育の経験者等を「特別支援教育コーディネータ」として位置づけ、学校全体でサポートしていく体制を整え、児童精神科医、スクールカウンセラー、ＬＤ教育士等の専門家を学校の準スタッフとして活用していくことが大切です。

また教育センター等に専門家を配置し、巡回相談を行なったり、電話での相談に応じたりすることも効果的です。そして、国立特殊教育総合研究所等において、ＬＤ等の児童生徒に関する個別の指導計画や指導の事例をデータベース化し、体系的に整理して広く提供していくことも必要です。

このように平均的な教員でも、ＬＤ等の子どもたちに的確に対応できるようなサポート体制を整備していくことが必要だと思います。

(3) 親の会も担い手の一員として参画していく

今回の報告書のなかで、親の会やＮＰＯ法人等との連携の必要性に触れていることは、画期的なことですが、まさに現実的な考え方を反映したものと思われます。

ＬＤ等の子どもたちへの特別支援教育を定着させていくためには、一般の保護者や社会全体の理解向上を図っていく必要があります。親の会やＮＰＯ等は、これまでも講演会の開催やマスコミ報道等を通じ社会的な理解向上に重要な役割を果たしてきました。またＬＤ親の会のなかには、事例研究会を主催したり、教員向けの講演会を開催しているところもあります。しかし、今までの親の会は、どちらかというと行政に対して一方的に要望するだけに終わり、主体性に欠ける傾向がありました。

今後も親の会は、サービスを利用する立場でニーズをしっかり伝えることが必要ですが、国や自治体に要望するだけではなく、教員、保護者、社会全体に対する理解向上に努める等、特別支援教育推進の担い手の一員として役割を果たしていくことが必要ということではないでしょうか。

6　ＬＤからMild Disabilitiesへ

通常の学級に在籍する特別なニーズをもつ

子どもたちへの教育的支援については、ＬＤがきっかけとなり検討が始まりました。文部省（当時）にＬＤ等に関する協力者会議が設置されたのは一九九二年ですから、ここまでくるのにちょうど一〇年かかったことになります。ＬＤに対する取り組みが、ＡＤＨＤ、高機能自閉症等を含めたものとして、本格化しようとしているのです。

医学の進歩や操作的診断手法の発展に伴って、かつてはＬＤやその周辺児として捉えられていた子どもたちに、ＡＤＨＤ、高機能自閉症、アスペルガー症候群等さまざまな診断名がつけられるようになってきました。これに伴い親の会等の支援団体も枝分かれしてバラバラになっていく傾向があります。しかし、子どもたちの症状には連続性があり、典型的な例は別として診断名がぶれたり、成長に伴って診断名が変わることも珍しいことではありません。

総称するとすれば「Mild Disabilities」のある子どもたちに対する特別な支援教育が、本格化に向けて動き出そうとしています。しかしこれまで述べてきたように、行政に過度の期待はできませんし、そう簡単に実現していくものではありません。診断名は違っても、これらの子どもたちに必要な教育的対応の枠組みには共通する部分が多いのです。保護者や支援団体も担い手の一つとして、障害の枠組みを越えて連携して役割を果たしていくことが必要と思われます。

障害名が何であれ、Mild Disabilities をもつ子どもが幸せな社会生活を送れるようになることが、親としての最大の願いです。これからも今回の報告書に示された諸施策が実現していくように、関係団体との連携を図りながら取り組んでいきたいと思っています。

（書き下ろし）

第2部

脳のしくみと心の不思議

鮫島 道和
Samejima Michikazu
聖隷クリストファー大学
看護学部生理学研究室

はじめに

私たちには、〝心〟があります。心がどこにあるかは、昔から不思議な謎のひとつでした。恋をすると心ときめきますが、実際にときめいて感じるのは「心臓」です。初恋のとき、胸がキューンとなりますが、キューンとなるのは心臓のあたりです。真っ赤になるのは、ほっぺであり、汗を握ったのは、「手」でした。心臓は、その字のごとく、「心の臓器」だと考えられていたのでした。

しかし、現代の科学、特に神経科学では、「心は脳にある」と決めています。では、どうして恋人に会うと胸のあたりがキューンとなるのでしょうか、どうして手に汗握るのでしょうか?

それは、脳からの指令があって「心臓」が大きく打ち、脳からの指令があって、手に汗握るからです。そういうことが、現代の神経科学の研究からわかってきました。さらに、「脳」がはたらかなくなると、人の意識といわれるものが消え、心の本質だと思われる、「嬉しい」とか「悲しい」とか「ありがとう」とかいった感情が消えてしまうこと、もちろん「会話」を使って意思の疎通をすることもできませんし、はては「呼吸」も止まってしまい、汗もかかなくなること、などがわかってきました。そうした事実の積み重ねから、現代の神経科学は、「心は脳にある」としたのです。

そうすると、心を知るひとつの方法は脳のはたらきを知ればよいことになります。ヒトの脳のはたらきは、生理学的な観点から分けると、「感覚受容」「運動機能」「自律調節」「本能行動」「統合機能」から成り立ち、それらは総合されて、精神活動として現われてくると考えられています。また、精神活動としての脳のはたらきは、知覚、運動、記憶・学習、意識、情動・感情、言語・思考などに分けることができます。

　運動も脳内でプログラムされたひとつの神経活動であり、基本的には精神活動と大きく違うものではなく、心の身体的表現、あるいは運動を介しての表現ということが可能ですが、ここでは運動機能については扱わないこととします。運動機能については、『子どもと健康』第64号を見てください。

1　知覚について

ヒトの感覚には、身体の特殊化した感覚器官で感じる、視覚（眼）、聴覚（耳）、味覚（舌）、嗅覚（鼻）、平衡感覚（前庭器）という五つの特殊感覚と、皮膚の受容器や内臓器官の受容器で感じる体性感覚（触覚・圧覚・振動感覚・温度感覚・かゆみ・くすぐったさ等）があります。さらに私たちには痛覚があります。

　これらの感覚をなんらかの精神現象として意識化することを「知覚」といいます。感覚器は、耳や眼、舌、鼻、皮膚というように器官そのものが異なり、それぞれの感覚器には、特徴ある感覚受容細胞があります。そして、感覚受容細胞はその受容器に特有の刺激だけ

図1　刺激の受容と活動電位の発生

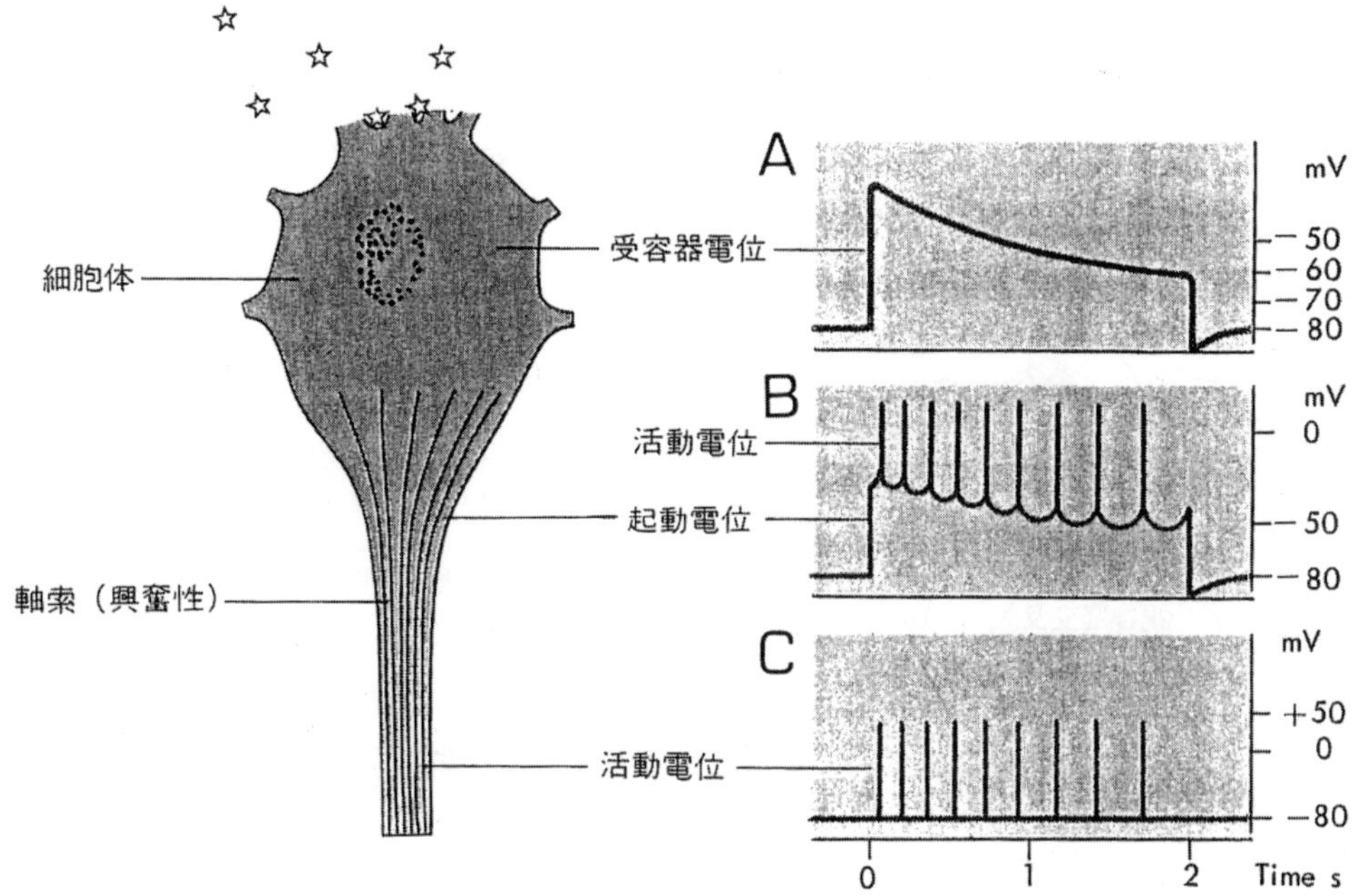

（注）膜電位変化
ヒトの体を構成する細胞には、細胞の内側と細胞の外側に電位の差がある。これを膜電位という。受容器細胞や神経細胞では、この電位が刺激により変化する性質があり、これを受容器電位とか、活動電位と呼び、体の中を信号（情報）が伝わっていくための重要な手段になっている。

　この図は、鼻にある嗅細胞を例に、模式化して示している。空気中にある匂いのもとになる分子（匂い分子：☆印）が、匂い受容細胞にくっつくと、細胞には受容器電位が発生する（A）。細胞体から軸索がでる部分では、この受容器電位によって起始電位とその上に乗る活動電位が発生する（B）。このうち活動電位だけが軸索を伝わって（C）、脳へ送られる。たくさんの匂い分子が細胞に付けば受容器電位は大きくなり、軸索の活動電位も増える。匂い分子が少なければ、受容器電位は小さくなり、軸索の活動電位も少ない。このようにして、匂いの強さを判別する。匂いの違いは、匂い分子がくっつく細胞が違うことにより区別される。

を受容します。

眼は光だけを、鼻は空気中の物質だけを、温度感覚器は熱量の変化だけを受容するわけです。感覚受容細胞が受容した刺激は、感覚器の種類や受容する刺激の種類にかかわらず、すべて共通して、刺激の強さに応じた受容器細胞の膜電位変化を引き起こします（前頁**図1**）。

この膜電位変化は神経細胞の活動電位（インパルス）の頻度の変化に置き換えられます。活動電位の頻度の変化は神経細胞を伝わって、脳の各領域に伝えられて、感覚として受容されます。純粋な感覚は、それだけではまだ意識されることはありません。感覚は、過去の経験や学習にもとづいて解釈され、その結果、「知覚」と呼ばれるある種の精神活動となって認識されます。

これを視覚について考えてみると、光として目の網膜で受容された情報は、視神経を経て視床の一部である外側膝状体という感覚情報の中継器官に伝わります（**図2**）。さらに、大部分はそのまま大脳皮質の一次視覚野に伝えられます。一次視覚野では網膜で受けた光刺激のなかの図形の形や動きなどが抽出され、それらは視覚前野（二次視覚野）に送られ、

図2　視覚情報の受容と伝達

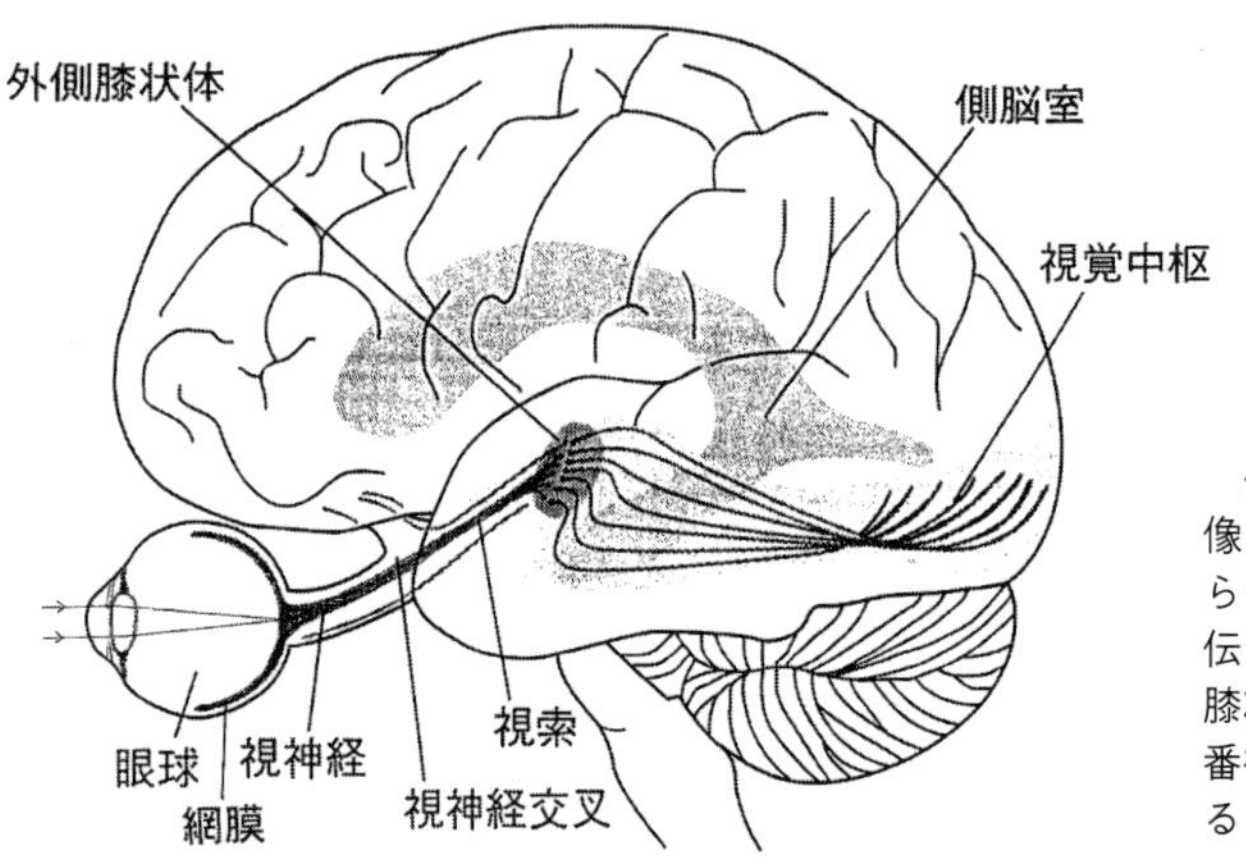

外から入ってきた光は、眼のレンズを経て、網膜に像を結ぶ。網膜には光受容細胞があり、ここで受け取られた光は、視神経の活動電位に変換されて視神経を伝わっていく。視交叉、視索を通った活動電位は外側膝状体に入る。ここで、神経細胞を変えて、大脳の一番後ろ側にある視覚中枢（一次視覚野）に信号が伝わると、私たちは、モノが見えた感覚をもつ。

さらに高度な情報処理がされて、見たモノが純粋な感覚として受容されます。私たちが「笛がある」というとき、笛から出た光が網膜に映ったあと、一次視覚野・二次視覚野で笛の形や特徴が抽出・再構成されて、私たちは純粋な形態としての「笛」という視覚的感覚をまずもちます。

こうして脳の感覚野に受容された感覚は、必ずしもすべてが私たちの意識に上ってくるわけではありません。見えているはずなのに見ていない物、匂っているはずなのに匂いとして認めていないものがたくさんあります。誰かに指摘されてはじめてぱっと見えたり、匂ったりする経験をおもちだと思います。受容された純粋な感覚は、過去の経験や学習に基づいて意味づけされたり、ほかの感覚と比較されたりして、その結果、私たちは笛を「知覚」するし、笛の音を「知覚」するし、バラの香りを「知覚」するのです。このように感覚されたものは「知覚」というある種の精神活動を経て、私たちの認識に上っています（**図3**）。

「知覚」の過程はすべて脳の中で行なわれます。普通、私たちは、自分の外側に笛があるように見ていますが、実際は、私たちは私

脳のしくみと心の不思議

たちの脳の中に笛を見ているだけです。ただ、長年の学習効果によって、脳の中に見える笛は実際に外側にある笛だと解釈しているのです。

2 認知について

認知とは、知覚という情報処理のプロセスを経たうえで、感覚器官情報と他の情報を統合し、制御し、判断し、思い浮かべたり、イメージ化して物事を具体的に認識していく精神活動をいいます。

各感覚器官から入った情報は、先に見たように、大脳皮質のそれぞれの一次感覚野で受容された後、受容された情報はそれぞれ高次の感覚野で処理され、感覚されます。感覚された多数の対象のなかから現在関心があり注意が向けられている事象だけが選択され、それが、過去に認識され神経系に保持されている「記憶」と照合され、意味を付与されます。

こうした認知の過程は、大脳皮質の連合野で行なわれていると考えられています（図3）。

たとえば笛を見たときや、笛の音を聞いたときに、笛の物理的な色、形、大きさ、音、といった感覚を統合し、さらには過去の記憶や学習と結びつけて笛という物であることを知覚します。また、その笛から音が出て、それはランダムな音の連続ではなく、ある旋律（メロディー）なのだということを認知するわけです。

さらに、旋律に注意を向けて一層深く聞きいってみたり、笛を吹く人の思いを想像してみたりといった、関連する脳内の神経細胞の自発的活動が始まることもあります。

また、ヒトの口から発せられた音を聞いて、それが言葉であることを知覚し、言葉の意味を理解し、さらに文脈から相手の発言内容を知ります。こうした、脳内の多くの神経細胞

図3　知覚に関する精神活動のプロセス

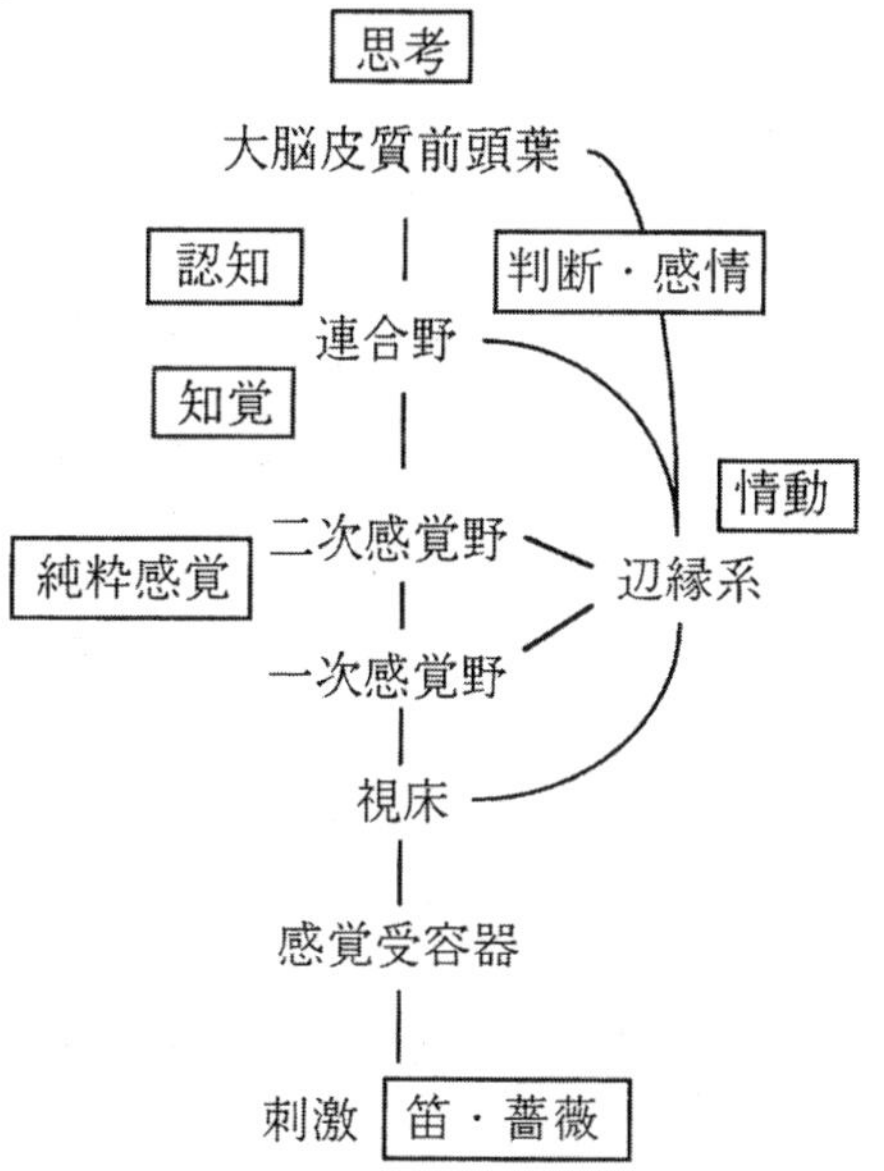

私たちが、たとえば笛や薔薇を眼にしたときに生ずる情報の流れと、脳のそれぞれの部位で生ずる精神活動を模式的に示している。詳しくは本文を参照。

図4　サル・チンパンジー・ヒトの脳の比較

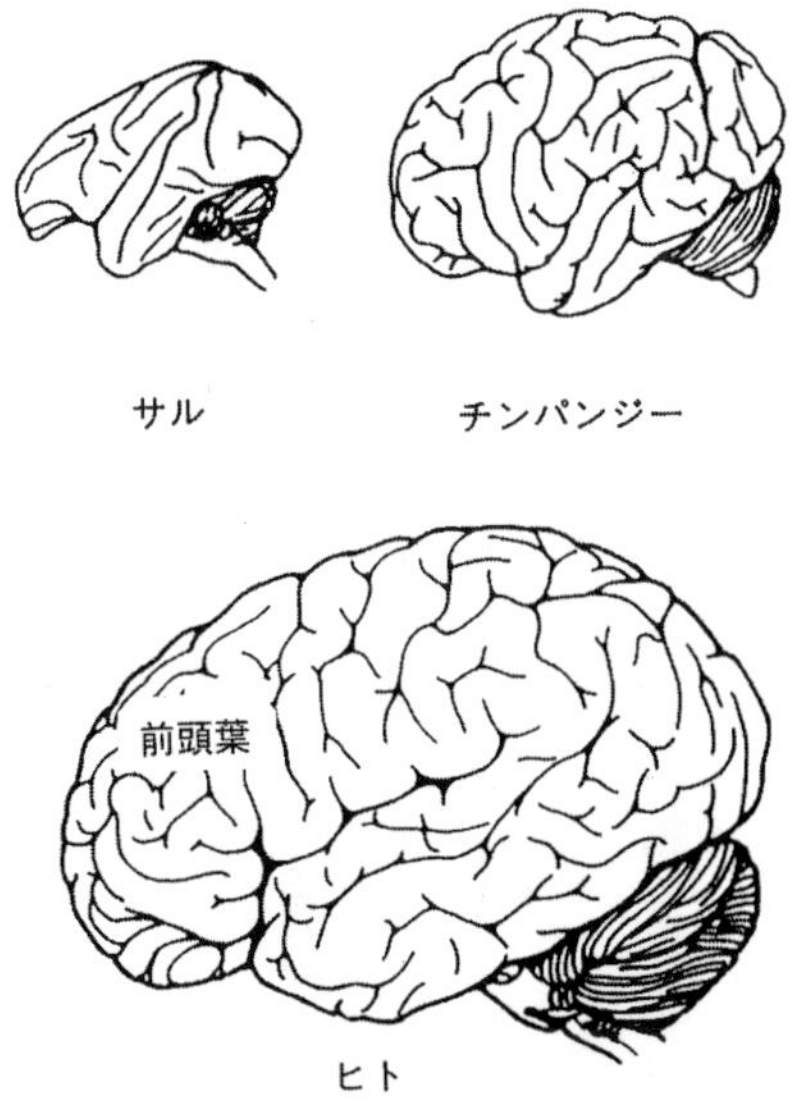

サル・チンパンジー・ヒトの脳を同じ縮尺で示した模式図。サル・チンパンジーに較べてヒトの脳は大きいのが特徴であるが、さらに、ヒトの脳では、前頭葉と呼ばれる部分が、脳の中でもよく発達しているのがわかる。前頭葉の割合が大きくなると同時に、しわの密度が増えて、前頭葉の表面積も増加している。

の統合された情報処理活動が認知活動です。

とくに大脳皮質のなかで、最もヒトにおいてよく発達している前頭葉では（前頁図4）、時間や空間を越えて遠く離れた所を思い浮かべる想像力や他人を思いやる気持ちといった認知機能がはたらきます。

3 記憶（メモリー）について

記憶とは、人間の精神活動のなかで、新しく体験したことを時を越えて保持し、継続性と連続性をもって再現できる精神活動能力のことをいいます。記憶には、短い期間の記憶（短期記憶）と、長い時間保持される記憶（長期記憶）があります。

たとえば電話をかけるために電話帳を見て、電話番号を覚えても、電話が終われば電話番号はじきに忘れてしまいます。これは短期記憶です。

一方、自分の名前や卒業した学校の名前などは相当永く覚えており、長期間忘れることはありません。これは長期記憶です。

さらに、ある期間はよく覚えているが、必要がなくなると消えていってしまう記憶もあります。自宅の電話番号や住所は、そこに暮らしている間はよく覚えていますが、引っ越しをして別の場所で新しい暮らしを始めると、以前住んでいた「場所」のことは忘れなくても、そのときの電話番号や番地は間もなく記憶のかなたに消えてしまいます。

このように記憶にもいくつかの種類があります。これは、記憶の貯蔵方法に、短期記憶貯蔵とか長期記憶貯蔵とかいった複数の仕組みが、私たちの脳の中にあることを示唆しています。

また、記憶障害の現われ方に、病因の生ずる以前のことだけを忘れてしまう記憶障害（逆行性健忘）と、古いことはよく覚えているけれども病因の生じた以後のことだけは少しも記憶されない記憶障害（順行性健忘）があります。

これは、明らかに記憶の仕組みに違いがあることを示していて、記憶を貯める場所に違いがある、あるいは記憶を固定化する場所、記憶を蓄えておく場所、記憶を呼び覚ます場所といったものが、脳の中では別々の場所に区別されている可能性を示しています。

さらに、記憶した事柄を思い出す過程は、単に、物入れの中から、思い出という単品を取り出してくるだけのような過程ではなく、思い出す過程で検索されるさまざまな関連する事項を再構成してつくりあげる過程だと、最近の研究では、考えられるようになっています。

このような記憶が、どんな仕組みで脳の中に生じるのかについて、まず変化が起こる場所として、神経細胞の接点であるシナプスが候補として考えられています。ある神経細胞から他の神経細胞にシナプスを介して信号が伝わったとき、信号を受け取った神経細胞にある種の変化が生まれ、その間のシナプスが強化され、次に信号がきたときに信号の伝達効率がよくなるという可塑性があります。記憶貯蔵にあたる神経細胞は、こうした可塑性を備えていると考えられます。

ここで重要なことは、記憶という脳内の現象を見てわかるように、私たちの脳の神経細胞や神経細胞からなる回路は、決して固定されたものではなく、さまざまな外からの入力、それは「感覚入力」と呼ばれるものですが、それによって変化するものであり、ちょうど粘土を使ってさまざまな形をつくり出せるように、脳の中の細胞や回路の様子を変えることで、さまざまな状態をつくり出せるということです。

図5　脳の役割分担

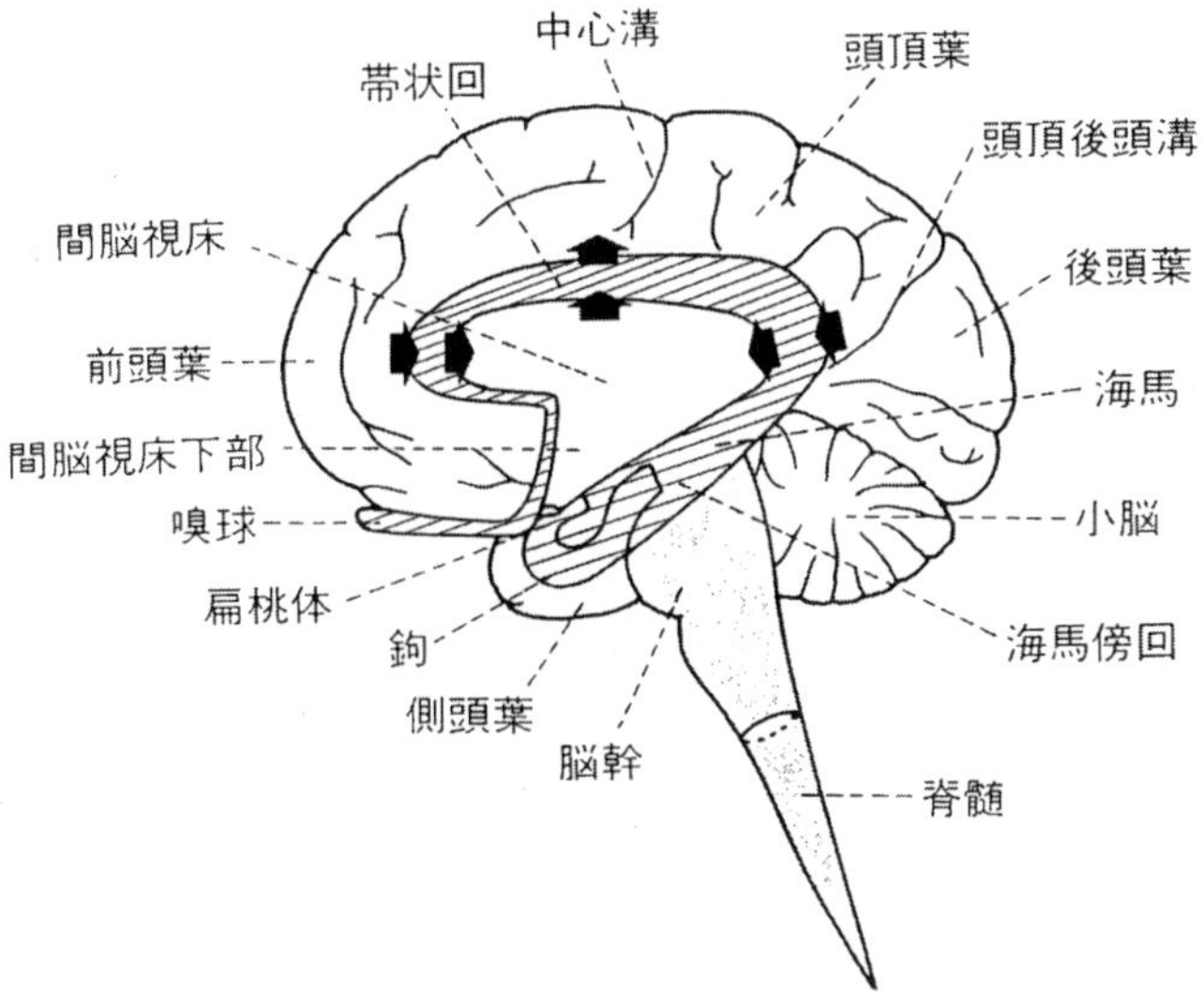

中央部に斜線で示した部分が、大脳辺縁系。辺縁系に囲まれた部分が視床と視床下部で、このふたつを合わせて間脳という。辺縁系の外側にある、前頭葉・頭頂葉・後頭葉を合わせて大脳皮質という。この部分が新皮質で、哺乳類からみられる脳の構造で、ヒトで最もよく発達している。中央下の部分が脳幹。

4 無意識下の調節
——自律神経系——

われわれは外界からの刺激に反応しますが、そのとき、人によって、あるいはおかれた状況によってそれぞれ違った反応を示します。それは刺激に対し、人によって、あるいは状況によって選択が行なわれるからです。

この選択は、意図的に行なわれる場合もありますが、意図せざるままに行なわれることもあります。私たちがもつ意識の程度に関わりなく、内臓器官や循環器系・分泌腺などを支配し、その機能を（無意識下で）調節しているのは、自律神経系です。自律神経系には、交感神経系と副交感神経系があり、体内の各器官は交感神経と副交感神経の両方の支配を受け（二重神経支配）、交感神経と副交感神経はその器官にたいして反対の効果を及ぼします（拮抗神経支配）。たとえば心臓にたいしては交感神経は拍動を増加させるようにはたらき、副交感神経は拍動を減少させるようにはたらきます。

さらに、交感神経が活動しているときは副交感神経の活動は低下しており、逆に副交感神経が活動しているときは交感神経の活動は低下します（相反神経支配）。最初に述べた、初恋のとき、心臓のあたりがキューンとなったのは、すてきな恋人を目にして、交感神経が無意識のうちにはたらいて、キューンときたわけです。

脳内の脳幹と呼ばれる部分（**図5**）に、この自律神経の調節中枢があり、主として反射によって自律調節を行なっています。自律反射は、時として感覚神経によって、嘔吐のように意識化することができる場合もありますし、逆に意識したことが自律神経系に大きな影響を与える場合もあります。ストレス等があると、自律神経系が反応を起こし、それは心臓、血管系、呼吸器系、消化器系、副腎、時には毛髪にまで情報を伝えます。ストレスのある状態では交感神経がより強くはたらき、心臓の拍動が速まり、血管は収縮し、気管支は拡張し、膀胱の排尿筋などが収縮して尿意をもよおし、汗腺がはたらき、冷や汗が出るといった変化を起こします。

また、神経症や精神的な要因が原因とされる病気は、この意識的な神経活動と自律神経の活動の協調がくずれた結果起きる場合があります。

自律神経の中枢は脳幹にあるので、大脳皮質がはたらかない、つまり意識がない状況にあっても、脳幹がはたらいてさえいれば、無意識下の自律調節は行なわれ、統合された運動反射も生じます（咀嚼、嚥下、排尿など）。したがって、脳幹が生きていれば、脳の他の部分のはたらきが失われていても生命を維持していくことができます。この状態が植物状態です。

植物状態では、意識がなくても生命の維持が行なわれます。つまり、私たちの脳の仕組みのなかでは、意識しないままにも、多くのプロセスが進行しているということです。それらは私たちの生命を維持していくのに基本的で大切なはたらきをしています。

5　感情と情動について

人間は感情の動物ともいわれているほどさまざまな感情をもち、日常生活や社会生活等の多くの場面で、喜び、怒り、驚き、憎しみ等を感じています。そうした内的な感情は顔の表情や体の動きといった身体的表出の変化として、表情・動作に表われてくると同時に自律神経系を介して循環器、感覚器、消化器、内分泌器、自律神経等といった器官のはたらきや、思考・行動面にも大きな影響を及ぼします。

たとえば、先にあげた笛の音を聞く過程を考えると、私たちは、笛の音を知覚し、メロディーを認知すると、これは良い（悪い）音色であるとか、このメロディーはなつかしい（きらいな）メロディーである、といったことを伴ってメロディーを認識します。この過程には感情がすでに生まれているわけです。

こうしたメロディーの認識は、より深い感情をもたらすこともあります。曲そのものから楽しい気分になることもあれば、悲しい気分が生じることもあります。また、楽しい思い出に結びつく曲なら、昔その曲を聞いた情景を思い出して、幸せな気持ちになることもあるでしょう。

また、言語に関する認識も感情を生み出します。相手の口から発せられた音から言葉を認知し、言葉をつなぎ合わせて意味のある内容として認識すると、それに賛成したり、同情したり、憤ったりします。これも脳内の神経細胞によって生じるある種の感覚です。

感情と情動は同じような意味で使われることもありますが、両者は区別されるものです。情動は快—不快を基礎にした、恐怖、不安、驚き、狼狽、怒り（不快）や、充足感、満足、安心（快）といったもので、ヒトのみならず、ほかの動物にも類似のものをみることができます。ヒトはこうした情動のほかに一体感、疎外感、義務感、希望、愛、幸福感、道徳的感情、宗教的感情をもっています。

情動と深い関係をもち、情動を生むと考えられている中枢神経系は、大脳辺縁系と視床下部にあります（**図5**）。たとえば視床下部には摂食中枢や性中枢があり、食欲を生み出したり満腹感をもたらしたり、あるいは性行動の遂行を支配しています。

しかし、これらの情動は、視床下部でだけ生ずるものではなく、辺縁系の入出力や大脳皮質からの調整を受けています。特にヒトでは、大脳皮質からの影響が大きいことが知られています。

中枢には、報酬系と呼ばれる、快情動を生み出す系もあります。たとえば、ラットの中脳青斑核や辺縁系の側坐核というところに電極を埋め込んで、ここにわずかな電流が流れるようにしておくと、ラットは進んで学習課題を行なうようになりますし、猫では進んでそれを行なう実験箱に入るようになります。

脳のしくみと心の不思議

これは、動物の脳には、そうすることを積極的に動機づける「快」に関わる部位があることを示しています。

一方、たとえば痛覚は不快な情動を引き起こします。動物は痛みを引き起こす刺激を極力避けようとするし、ある行動をとるときに痛みを組み合わせると、その特定の行動をなるべく避けようとします。これを利用すると、あることをしないように学習させることが、痛み刺激とを組み合わせて簡単にできます（ただし、これには逆の現象が知られていて、ある行動をとる動機が強い場合は、たとえ痛みのような不快な刺激が組み合わされていても、その行動を選択する場合もあります）。

これらの実験事実が示すことは、ヒトの脳では、間脳（視床・視床下部）を中心に、それを取り巻くように存在する辺縁系とさらにその外側を覆う大脳皮質という構造があり、この三者は、辺縁系を仲立ちに相互に影響を与えながら、情動や感情を生み出すような構造をとっているということです（図5）。そして、外から入ってくる感覚刺激は、情動を生み出す扁桃体や視床下部・脳幹などのはたらきを促進する重要な要素ともなっているわけです。

ヒトの感情はさまざまな物質によって修飾を加えることができます。たとえば、β‐カルボリン誘導体の一種「FG7142」という物質は、ヒトに耐えられないほどの不安感を引き起こす一方、この強い不安感はベンゾジアゼピン誘導体で間もなく抑え、消すことができます。

以上のような実験事実は、ヒトの感情や情動の一部は、確かに脳のはたらきによって生み出されているということを示しています。また、気分というものも脳の神経細胞がある状態になったときに生じるものである可能性を示しています。そして、それらの多くは基本的に外からの刺激入力に対して身体が適応的反応をしているひとつの表われとみなせます（もちろん、純粋に内的な動機で生ずる感情もあります）。

つまり、外からの刺激を感覚器官が受容す

図6　ヒトの言語形成に関連する脳の部位

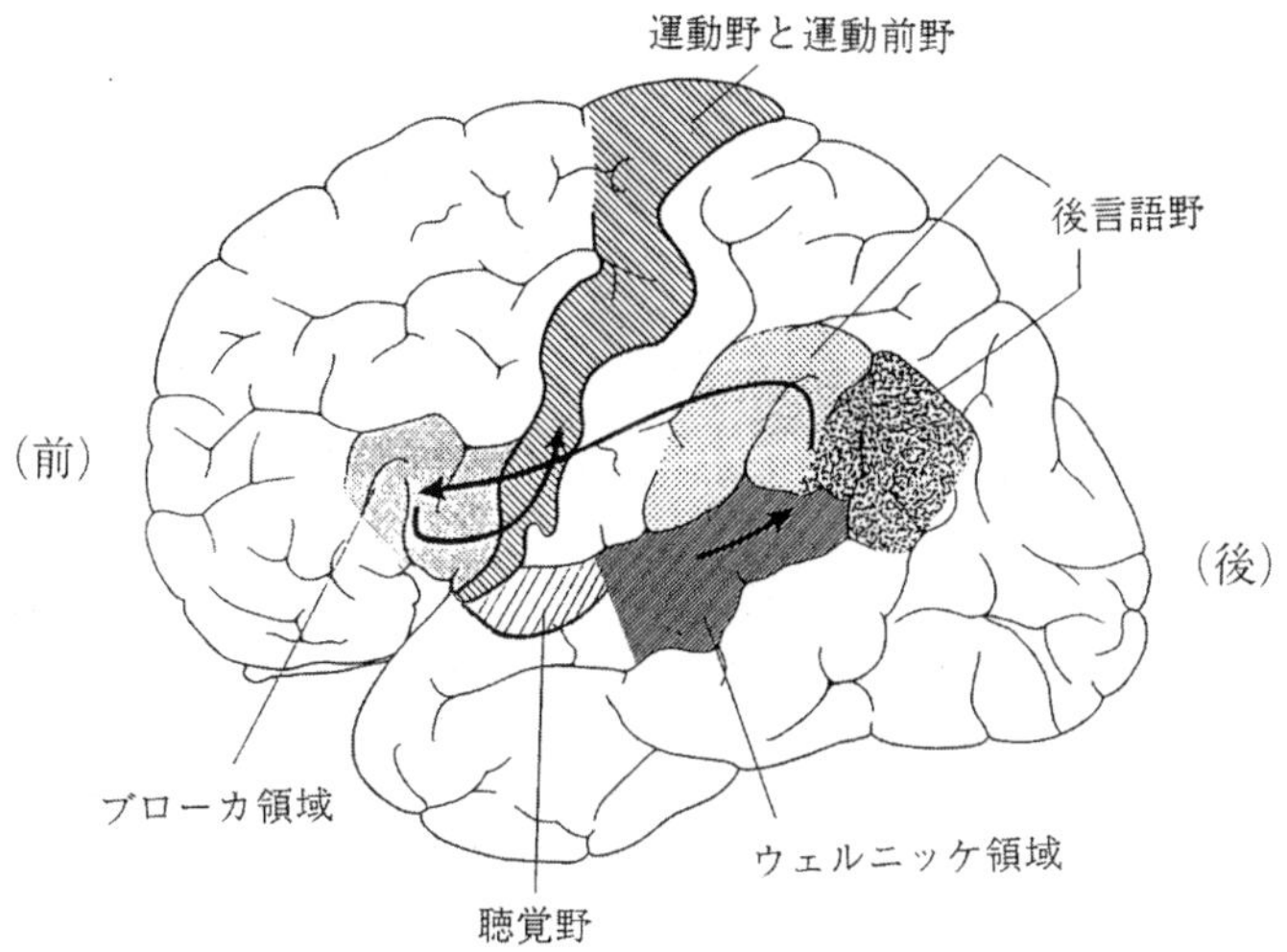

ヒトの脳を左側から見た図。ヒトの脳で言語の形成に関連する部位は、主に2か所ある。ひとつは、ウェルニッケ領域といい、耳で聞いた音を、言語として形成することに関する部位である。もうひとつは、ブローカ領域といい、言葉を口から音にして発することに関連している。

ウェルニッケ領域は聞いて言語を形成する場所なので、聴覚野のすぐとなりにある。耳に届いた音は、聴覚野で処理され、そのうち言語に関する音情報は、このウェルニッケ領域で言語としての形を与えられ、後言語野で蓄積されている記憶と参照されたり、視覚イメージと結びついたりする。

そうした言語情報は、ブローカ領域に送られると、運動野に渡されて、声帯の筋肉を動かし、声として言語が語られる。

言語野にこのように2つの別々のはたらきがあることは、運動性失語症と感覚性失語症という別々の失語症がみられることからわかってきた。運動性失語症では、言葉は脳の中に形成される（たとえば、耳で聞いたり、図を見れば、それが何だか確かにわかる）のだが、それを言葉として口から表現できない症状である。感覚性失語症というのは、その逆に、口では発語できるのに、聞いたことばや、見たものを理解できない症状をいう。

ると、それは中枢に伝わって、感覚・知覚を引き起こすのですが、それらはさらに、私たちの脳内の神経回路の状態に対応して、情動や感情を引き起こします。また、その情動や感情がもとになって、新しい行動が生み出されることになる場合もある、ということです。

6 言語・思考

言語に関する機能が脳にあるという発見は、脳に損傷を受けた患者にみられる言語障害に関する一九世紀後半からの研究により始まりました。最初にわかったことは、右半球はいくら大きく損傷されても、普通、何の言語障害も発生しませんが、左半球に損傷があると言語に障害が生ずるということです。

この発見から、言語に関係する機能は脳の左半球にあり（前頁**図6**）、脳の右半球と左半球とは等しくないことが認識されました。こうした発見に基づき、大脳の左半球を「言語優位半球」と呼ぶようになりました。

思考のプロセスはさらに複雑です。思考という言葉は、普通、「考えること」「思いめぐらすこと」といった意味に使われますが、ここではもう少し広い意味を与えます。たとえば知能という言葉で表わされる「問題解決」「推論」の能力、与えられたものに対する理解の深さ・適切さ、言葉を適切に巧みに使う能力、そうしたものを含めて広く思考と定義します。そうなるとヒトの思考はこれまでみた脳のさまざまな機能と深く結びついてきます。

たとえば、深く・適切に理解するべき対象は、言語で表現された事柄である場合もあれば、絵画や映像のような視覚的な対象のこともあるし、また、音楽的な対象の場合もあります。

問題解決能力にしても、実生活のなかで出会うさまざまな場面で、私たちは（適切であれ、不適切であれ）状況に応じた解釈を加え、判断し、行動を決断しています。

こうした能力は脳内の特定の部分の機能として行なわれているわけではなく、さまざまな部分の多くの機能が総合、統合されて行なわれていると推測できます。したがって、これまでにみてきた脳内のさまざまな部分がこれに関連していると思われます。実際、ごく簡単な暗算を行なうという場合ですら、脳内の少なくとも一八ヵ所の部分が暗算を行なうためにはたらいていると報告されています。

さらに脳内のさまざまな部分が関与しているにしても、それらがバラバラに活動をしていたのでは、統合的な思考活動が表現されるはずはないので、各部分を総合して、統合的な脳の活動としての思考を表現するように調整する部分もあるはずです。

また、私たちの脳が機能するのは、単に外からの刺激に応じて機能が発現されるだけでなく、内在的な自発性に基づく機能の発現もあり、この自発性を生み出している機構がやはり脳内にあるはずです。

そのようなさまざまな機能を統合する仮想的な場所を思考の中枢と呼んでよいとすれば、そうした場所が脳の中のどこかにあるだろうという仮説が生まれてきます。

思考はヒトで最も特徴的にみられる機能であるので、ヒトにあって他の動物にはあまりみられない脳の部位で行なわれているのではないかと推測されます。そのように脳をみると、大脳新皮質（図4と図5の説明を参照）は哺乳動物に特徴的にみられる構造であり、霊長類でよく発達し、ヒトにおいて最もよく発達している部分です。したがって、ここ（そのなかでも特に前頭葉）が思考を担う部分と考えられています。

脳のしくみと心の不思議

7 脳の発達と臨界期

これまでみてきたように、ヒトの脳はさまざまな機能を発揮しますが、これらは、ヒトが、母親の胎内で受精し、胎児の発達が始まった段階から少しずつ形成され、発達してくるものです。同時に「ヒト」の脳が「人」の脳としての特徴的な機能を発揮するためには、適切な時期に、適切な刺激や入力を受けて、神経回路が形成されることが必要らしいということがわかってきています。

たとえば、人は、言語を獲得します。言葉は、一歳くらいからみられるようになって、小学校に入るころにはだいたい完成しています。ところが、外国に行って暮らすと、子どもたちはそれほどの時間をかけることなく、現地の言葉になじんでしまいます。一方、大人はなかなか現地の言葉を習得できません。

言語に関する最近のさまざまな研究から、言語処理に関する基本能力は五～六歳ごろまでに、母語によって脳内に完成し、これが完成した後、一二歳ごろまでは、かなり自由に言葉の入れ替えができ、一二歳ごろにだいたい一つの（あるいは二つの）言葉に定着する。その後は新しい言語を獲得するのは難しくなる（できなくなるということではありません）、ということがわかってきました。

これは、ヒトの脳内の言語処理に関して、五～六歳ごろまでの時と一〇代前半と、二回の重要な変化の時期があって、この時期までに適切な言語環境にさらされることが大人になってからの言語能力を決めるのだ、ということです。つまり、脳のある機能が十分にはたらくためには、脳の発達のある時期までに適切な脳への入力が必要だということです。

8 脳とコンピューター

コンピューターはヒトの脳をモデルにつくられてきたような点があるのですが、逆にヒトの脳をコンピューターに例えて考えることもできます。ごく簡単なトランジスタラジオとコンピューターの違いは何でしょうか。

ラジオもコンピューターも、トランジスタと抵抗とコンデンサーといったものでできた電気回路です。ラジオは、ラジオの放送を聞くことだけしかできませんが、コンピューターは、文章をつくったり、表計算をしたり、電子メールを送ったり、インターネットのホームページを見たり、さらにはテレビやビデオの代わりまでしてくれます。

　同じ電気回路なのに、どうしてこうも違うのでしょうか。それは、コンピューターの回路はラジオの回路に較べて桁違いに部品の数が多いこと、コンピューターには、記憶装置とソフトが組み込まれていることです。コンピューターが動くにはソフトが必要で、ソフトがなければコンピューターは何もできません。また、どういうソフトを入れるかで、何をするかが違ってきます。極端な言い方をすれば、兵器にもなるし、平和を生み出す相互理解の道具にもなります（すでに、機械翻訳は相当程度まで可能です）。問題はどれだけの記憶容量をもたせて、どんなソフトを載せるのかにあります。

　これまでみてきたヒトの脳の話と、コンピューターのこととは似たところがあります。ヒトの脳は、とてつもなく大きな容量をもっています。一〇〇〇億ともいわれる神経細胞群がヒトの脳の中ではたらいています。そして、ヒトの脳にも記憶装置があります。

　また、言語のところでみたように、適切な時期に、適切な言語環境におかれることが言葉の獲得に重要であることがわかっています。

つまり、適切なソフトが、適切な時期に脳内に形成されることが重要なのです。また形成されたソフトが、日本語の言語環境なのか、フランス語の言語環境なのかが、その後のその人の言語能力を決定するわけです。
　最近、分子生物学の発達によって、ヒトの遺伝子は三万個くらいで、ネズミの遺伝子数とたいして違わないし、ショウジョウバエや線虫の倍くらいしかないこと、場合によっては植物の遺伝子もヒトの遺伝子の半分くらいはあることもわかってきました。つまり、部品の「種類」としてはショウジョウバエも植物もヒトも極端な違いはないのです。ラジオとコンピューターで、部品の「種類」がたいして違わないのと同じだと思います。
　しかし部品（細胞）の「数」が桁違いに増えることで、複雑な回路をつくることができ、そのことによって記憶装置ができ、ソフトを後から取り込むことができることが実は重要なのだということを、この遺伝子数の類似は示していると思います。

まとめ

　結局、「ヒト」が「人」であるためには、脳を十分に発達させることと、適切なソフトを適切な時期に入れる手間をかけなくてはいけないということだと思います。そうしないと、脳というコンピューターは正しく作動しない。そして、そのソフトを組み込む作業が教育ではないでしょうか。しかも、その教育というのは、学校ばかりではなく、家庭や社会のなかで意図せずに行なわれているものも含まれるわけです。

　脳にある辺縁系という部分は、放っておくと勝手にはたらきだしてしまいます。辺縁系は、感覚入力に応ずるプログラムを内因的にもっているわけで、それをもっていることが、ヒトが生物の一種として生きていくことを保証しているのですが、しかし、それだけでは、動物としてのヒトであり、文化と歴史をもった「人」にはなりえないのではないでしょうか。

脳のしくみと心の不思議

辺縁系のもつ動物としての生を、「人」の振る舞いになるように修正していくのが皮質系ではないかと思われますが、皮質系には元来ソフトが入っていないか、入っていても、そのソフトは脆弱なものでしかないのかもしれません。そこで、皮質系に適切な時期に、適切なソフトを入れなくてはいけない。そうすることによって、「ヒト」の脳は「人」の脳として初めてはたらくことができるのではないかと思われます。

こうした神経科学の分野で最近わかってきたことを、実は、私たちは長い歴史のなかで、文化のシステムとして養い伝承してきていたように思います。そうした伝承が、現代になっていくつかの理由から途切れてしまったところがあるようです。そして、途切れてしまったことが、脳内に適切なソフトを形成することを妨げ、いくつかの問題を生み出している可能性があります。

もちろん、文化的な背景により、言語体系の違いにより、脳に入っていくソフトの中身は少しずつ違うでしょうし、それがまた、文化の違いやものの考え方の違いを生み出していくので面白いのですが、脳という器官は、内臓や筋肉とは違って、はたらきがつくられるときに、はたらきの基礎を外側から入れていかなくてはならない器官なのではないかと思います（実は、筋肉と神経を母体とする運動機能もそうなのですが）。そして、私たちの脳はそのための仕組みを感覚受容として、事前に備えているようです。

脳や心の不思議さを見直すことは、人類が長い時間をかけて築いてきた貴重なシステムである文化や伝統を見直すことにもつながるように思います。また、脳のもつ不思議な機能を理解することは、あらためて私たち「ヒト」は、どうやって「人」になるのかを理解する手助けになるように思います。

（No.65、二〇〇一年春号に加筆）

子どもと「社会力」

門脇 厚司
Kadowaki Atsushi

筑波大学教授　教育学系長
主な著書に『現代の出世観』（日本経済新聞社）、『現代青年の意識と行動』（共編　日本放送出版会）、『日本教員社会史研究』（共編　亜紀書房）、『子供と若者の〈異界〉』（東洋館出版社）、『子どもの社会力』（岩波新書）、『〈大人〉の条件』（共著　岩波書店）、『学校の社会力』（朝日新聞社）、『社会力が危ない！』（学習研究社）など。

「17歳」だけが問題ではない

最近は新聞を開くと、毎日のように、子どもたちをめぐる嫌な事件や、おかしな行動について報道されています。そのことが本日（二〇〇一年八月二〇日）の話の主題になりますが、子どもたちの「社会力」が衰弱していることが、不可解な事件や行動を引き起こす下地になっていると思います。

大阪教育大学附属池田小学校での児童殺傷事件。この事件を聞いたとき、ショックを受けながら一方で私は、犯人が三七歳だと聞き、やはりそうかと思いました。二年前には、新潟県柏崎市で、当時小学校四年生の女の子を一〇年間にわたって自室に監禁していたという事件が発覚し、逮捕された犯人の年齢が、また三七歳でした。

一年前のゴールデンウィークには西鉄高速バスジャック事件や、人を殺してみたくなったから人を殺したという少年たちが何人か出てきて、その少年たちが、高校二年生＝一七歳。三年前には神戸で一四歳の少年が殺人事件を起こし、彼も今年一七歳だとして、マスコミ等は「一七歳の心の闇」「一七歳の狂気」などと、報道していました。あたかも一七歳、あるいは一六歳、一八歳というような年齢層が、特別に問題だというような視点からの報道です。

しかし、問題なのはこの「年齢層」だけではないのです。程度の差はありますが、人間が嫌いだとか、他人を避けたがるといった心的傾向が募ってきているのは――いわゆる私がいうところの「社会力」がなくなってきているのは、すでに四〇歳近くまで広がっているといっていいのです。

つまり、一六～一八歳、要するに思春期あるいは青年期前期に特有の問題として片づけたら、基本的な問題がどこにあるかということとを見誤ることになるということを強調したいのです。

一九六〇年以降、いわゆる日本が高度経済成長期に入った時期に日本社会で生まれ育ってきた人たちには、程度の差はあれ、かなり共通した心的傾向が広がっているということで解釈しないと、事件がなぜ起こるのかということを見誤ることになります。

最近で言えば、小学校一年生のわが子を自宅で殺して運河に放り込む事件が起きた。このような、自分が生んだ子どもを虐待したり、ネグレクト（悪し様に扱う）したりする「児童虐待」の事件が統計的には、この一〇年間で一〇倍になっています。このことも、「社会力」といったものが、相当に衰弱しているということの現われだと思うのです。

ですから、特別「一七歳」「一四歳」という年齢層だけが問題だというわけではない。ある意味では、今の時代は、いわゆる「社会力」が欠落した人たちが子育てに入っているという、非常に厄介な時代だと私は考えています。その世代に今、社会力をつけさせるというのは、きわめて難しい。

しかし、何をやってもしようがないのだということにはなりません。むしろ、子どもたちが育つ環境がどんどん悪くなっているからこそ、私たち大人がしっかり子育てしなければならなくなっているのです。私たち大人が今、真剣にしなければならないことは、とにかく必死になって、今生まれて育っている子どもたちにきっちりと〝関わり〟をもって社会力をつけることだと思います。

「社会性」と「社会力」の違い

さて、先ほどから「社会力」「社会力」と申し上げていますが、この「社会力」という言葉は私がつくった言葉で、端的に言えば、人が人とつながって社会をつくっていく力、周りにいる人たちといい関係をつくり、お互いに協力し、一緒に手を結びながら社会を運営し、社会の改善改革に関わっていく資質能力のことです。そして、このような社会力のおおもとになっているのが、他者への関心であり、愛着、信頼感です。

ほとんどの人がワンパターンのように「今の若者や子どもたちには、社会性がない」と言います。しかし私は、社会性は結構あるのではないか、決定的に足りないのは、社会性ではなくて社会力なのだと考えるようになり、『子どもの社会力』（岩波新書、99年刊）を著わしたわけです。

では、どこが違うのか。「社会性」と「社会力」というのは、「社会性がある」ということは、今あるこの社会にうまく適応するノウハウを身につけていることです。であれば、今の若い世代は、結構今の社会に適応しながら、うまくやっているのではないでしょうか。うまく立ち回って、うまくすり抜けていくということであれば、相当にこれは長けている。例えば「援助交際」などは、手軽に大金を手に入れるということでは、まさに社会性があるということの証拠ではないか。無器用な大人よりはるかに世渡りに長けている面があります。

多くの人が、今ある社会をなんとかしなければならないと考えていると思います。しかし、彼ら彼女らには、今ある社会を自分で変えていこうとする意欲だとか、それを実現に結びつけていく資質や能力が、決定的に足りなくなっているのでは、ということです。今ある社会の運営に自らの意思で参加し、自分ができるところで変えていく、そういう意欲とか、そのために自分の汗を流すことに進み出ていく、そういう資質や能力。これが、私が言うところの「社会力」なのです。

社会力の〝おおもと〟の衰弱

今の若い世代に決定的に足りないのは、社会性ではなく、自ら社会に関わることによって社会をつくり、また社会を変えていく力（資質能力）である。そして、この社会力の衰弱こそが今の青少年問題、子ども問題の最大の問題だと私は考えています。

それでは、このような「社会力」をしっかり育て強化していくためのベースに何が必要かといえば、それは「社会力のおおもと（原基）」、すなわち「他者への関心、愛着、信頼感」であると私は考えています。

私たちは、お互いに他の人に寄りかかりながら、他の人の助けを借りながら、日々の生活を営んでいます。つまり、このようにして社会をつくっているのは、私たち生きた人間であるということです。そのことが了解できれば、他者への関心とか愛着とか信頼感とかいったものがなくなってくれば、当然社会に対する関心とか、社会に関わりをもとうという意欲が生じてくるわけはないことが理解できると思います。そういう意味で、「社会力のおおもと」というのは、まさに自分の身のまわりにいる人たちに関心をもち、愛着を感じ、信頼を寄せることができるかどうかということなのです。

「他者の喪失」が下地に

今、若い世代に、古い世代と比べて、何らかの変化が起こっているとするならば、「他者の喪失」——他の人を自分の心の中でいきいきと生かしておくことができなくなってきていることだといえます。つまり、他者のことでありながら、自分のことのように思える心の状態をつくれなくなっているということです。

たとえば、私たち古い世代は、小さな子どもを抱えている知り合いの人が、お連れ合いを交通事故で突然亡くしたと知ったとき、小さい子どもを抱えながら、これからどう生きていくのだろうかと、自分自身の生活にはなんら支障がないのだけれども、その人がこれから生きていく大変さや辛さを、自分の心に移しかえたり、頭で思い描いたりしながら、自分の涙を流す、などということがやすやすとできます。ところが、若い世代には、そういうことができなくなっているのです。要するに、他人に関心がないからその人のことがよくわからない——よくわからないから同情や感情移入することもできなくなっているのです。

大人たちは今の若い世代の批判を口にします。しばしば言われることが三つあります。一つは、幼児的、自己中心的である。二つ目は、他人と関わりをもつこと、他者との関係の維持が苦手、嫌い。三つ目は堪え性がない、すぐキレる、というようなことですね。

これらの特徴はすべて根元のところでは同じことだといえます。どういうことかといえば、他人というものが自分の心の中にいきいきと取り込まれている状態になっていないから自己中心的にならざるをえないし、であれば、当然、人間関係の取り方が上手になるわけはありません。そして、「堪え性がない」というのも、他の人の立場や都合を考え、自分の意思で自らの行動をコントロールすることができないということで、これも他者が自分のなかに取り込まれていないからのことなのです。

私たちは何か行動をするときに、いきなりある行為をするわけではありません。ある状況で何かをするときに、必ず影響をこうむる人がいる。その人が目の前にいるかいないかはともかく、そのような相手や他人を自分の頭の中でいったん思い描いて、自分の頭の中で、その人との行為のやりとりをあらかじめリハーサルするのです。

自分が大事にし、今後もいい関係を続けていきたいと思う人を、自分の頭の中でいきいきと再現できれば、こんなことをしたらイヤがるだろうし、こうすれば喜んでくれるだろうということが正確に予想できるわけです。そうすれば、その人が嫌がるような行動を選択することはせず、喜んでくれる行動を選択してそれを実際に実行に移すわけです。こうして、私たちは自分の行動を適切にコントロールしているのです。

今の若い世代、といっても、四〇歳近くまで広げてイメージしてほしいと思いますが、程度の差はありますが、そういうことが前の世代の人たちよりもできなくなってきているのではないか、というのが私の見方です。

その意味で、「人間嫌い」が、他人との直接的な接触を嫌う心的傾向がどんどん膨らんできているのではないでしょうか。その人に関心がなければ当然、その人のことを知ろうとしたり、話をしたり、何か一緒にやったりすることはしませんから、その人を理解することにはつながりません。となると、その人の立場になって物事を考えるというようなこともできなくなります。そうなれば、その人に共感するとか感情移入するというようなことも非常に困難になってくる。したがって、他の人と協力してよりよい社会をつくっていこうという気になるわけもありません。このような意味での社会力のおおもとの欠落が、子どもや若者たちのいろいろな事件や、不可解な行動の底流になっているのだと思います。

「道徳教育」「しつけ」の仕方が問題なのではない

学校での道徳教育がなっていないから、しつけができない親が多いから、子どもたちの社会的な規範が薄れ、ろくでもないことをするのだといって、学校での道徳教育の時間を増せと言う人が少なからずいます。しかし、道徳教育がきちんと行なわれたから適切な行動ができるようになるのだ、ということではないのです。道徳教育をしっかりやれば問題行動がなくなるのなら誰も苦労はしません。そうじゃないから、みんな頭を悩ませているわけです。

一番肝心なのは、社会力のおおもとをしっかり育てることです。そのために、自分の身のまわりにいるいろいろな人たち――多いほどいいのですが、お父さん、お母さん、おじいちゃん、おばあちゃん、または隣のおばさん、近所のたばこ屋のおばさん、商店街の八百屋さんのおじさんたちと日常的にお付き合いし、そのような人たちがいきいきと自分のなかで生きているような状態をつくり出す必要があります。その結果として、その人たちといい関係をとり続けたいと思うようになれば、自己中心的になることはないし、その人とどういう関わり方をしたらいいのかということも適切にできるようになるのです。そして、そのような行動ができるようになった結果として、私たちは、あの子は社会規範や道徳にかなった行動をしているとみなしているだけのことなのです。

だから、社会力のおおもとといったものは、道徳教育をしたからとか、しつけをしたから身に付くというのではないのです。そうではなくて、小さいときから、さまざまな他者と交わり、一緒に何かをすることによって培われるものです。ですから、小さいときから、多くの大人たちときっちり交わらせ、培い育てることがきわめて重要なのだということを、あらためて強調しておきたいと思います。

「社会力」はどのように形成されるか

社会力のおおもとが、他者への関心、愛着、信頼感ということであれば、それをきちんと育てなければならないのですが、それでは、このような社会力のおおもとや、社会力そのものはどのように形成されるのでしょうか。

ここ二〇～三〇年の間に世界の認知心理学の研究者たちによって明らかになったことを総合すれば、ヒトの子どもは、高度な能力を先天的に備えて産み落とされてきているということです。今までは、ヒトの子どもほど無能力な状態で産み落とされる動物はいないといわれてきました。また、ほとんど白紙の状態で生まれてくるともいわれてきました。この真っ白な状態に何を学習させるかによって、その後が決まってくるから、教育だとかがきわめて重要なのだと強調されてきたわけです。ジョン・ロックの「タブラ・ラサ（白紙）」の話が有名です。

生まれたばかりの赤ちゃんは言葉を話せませんが、言葉をマスターするための高度な能力を先天的に備えていることがさまざまな実験・方法でわかってきました。社会力との関係でいえば、赤ちゃんは自分のまわりにいる人たちをきっちり識別しているし、声も聞き分けているし、そのように識別しているいろいろな人たち、とりわけ大人たちと行為のやりとりをしたがっていることが、明らかになってきました。

もっと具体的にいえば、赤ちゃんは生まれた直後から目が見えており、自分がどういう場所にいるのだろうかと目をあちこち動かします。アイカメラで目線がどういうふうに動くかを記録していくと、空間のなかに何も置かない場合には、あっちこっち、何かを探しているような目つきをする。そこに三角形や四角形、丸などの図形（ネコでも犬でもいいと思いますが）を置くと、赤ちゃんの目線は、その一点に集中します。しばらくすると、三角形なら三角形の一点をずっと見続けていたものが、三つの辺をなぞるような形で物を見るというようなことも確認されています。

これは何を意味しているかといえば、「私（赤ちゃん）が見ている物はいったい何なのだろう」と考えるような見方をしているということです。ファンツという人が一九六三年に行なった実験によると、明らかに人の顔らしい物を見せたときに、一番長く注目していたといいます。

しかし、人だったら誰でもいいのかというと、そうではありません。いささか余談になりますが、新生児の観察を長くされている東京学芸大学の高橋道子先生によると、明らかに笑う表情をつくれる能力をもっているのはヒトだけと言っており、しかも、笑いの表情をつくれるようになるのは、お母さんのおなかの中にいるとき、三十何週ぐらいからだという。二五週とか三〇週ぐらいの早産の赤ちゃんを観察しても、明らかに笑いの表情が確認できるといいます。この笑いの表情がつくれる能力を備えているというのは、他者と行為を交わすための強力な手段をもっていることなのだというのです。

赤ちゃんは漫然と、ぼうっとしているわけではありません。積極的に自分から何かを探しているのです。何をというと、大人の顔をです。なぜ大人かといえば、大人と行為の交換をしたがっているからです。大人に向かってニッコリ笑う。すると、大人は必ず手を出したり、声をかけてきたり、ほっぺたを突っついたりしてくれることがわかっているのです。また、大人が笑顔をつくりながら赤ちゃんに声かけをすると、赤ちゃんも笑いながらキャッキャと声を出して反応してくる。行為のやりとり＝相互行為です。また、無表情で赤ちゃんの前に立つ（これも、ある種の行為をしていることになる）と、赤ちゃんは最初は何らかの反応をするが、だんだん反応しなくなります。そして、この反応しなくなるということもリアクションの一つなのです。

「他者との相互行為」というのは、必ずしも言葉を交わすだけのことではありません。赤ちゃんが泣いていたら抱っこして揺すってあげるとか、機嫌がいい時にはほっぺたを突っつき、おでこをさすったり撫でてあげたりとかいうことすべてで、相手が何かしたら、それに対してあるリアクションを起こす（応答する）ことを含めての行為をいいます。

子どもが今生きている、時間を過ごしている環境は〈もの〉と〈ひと〉で構成されています。赤ちゃんは、自分をとり囲んでいる環境――環境というのは刻々と変わるわけで、その刻々と変化する環境に、どのように対応したら自分にとって好ましい結果をもたらすことになるのかということも、先天的にきちんと判断して適切な行動をとることができる高度な能力を備えて産み落とされているということです。

他者に対する関心・愛着、信頼感

「人間は社会的な動物である」ということは、ヒトは一人では到底生き続けることはできないということです。いろいろな人とさまざまに関わりをもちながら、自分ができることはするけれど、できないことはいろいろな人にしてもらう。また他の人ができないことは自分がしてあげるという相互依存の関係を保ちながら社会をつくり、その社会のなかでしか生きていけない動物という意味です。ヒトは、環境に適切に対応できるきわめて高度な能力をもっていますが、この社会的な生活をスムーズに営んでいくために必要な資質・能力は、ヒトの子に先天的に備わっているわけではありません。

ここ一〇年間に急速に進んだ脳科学の研究成果によると、生まれたばかりの赤ちゃんには脳細胞が一千億個あります。なぜヒトの赤ちゃんにそんな大量の脳細胞を用意したのかというと、どんな環境にも順応しうまく生き延びていくことができるようにするためだとされています。また、脳の機能がどれだけ高度な水準になるかは、情報ネットワークの複雑さを決める樹状突起とその先端にあるシナプスがどれだけ多くつくられるかにかかっているといいます。

シナプスというのは、もともとある種の機能をもっているわけではありません。シナプスの役割は神経細胞と神経細胞をつなぐこと、言い換えれば、情報処理をスムーズにする役割です。したがって、シナプスが多くなることは脳の機能を高めるということになります。そして、シナプスがどれだけ多くなるかは、赤ちゃんとまわりの大人たちが、どれだけ頻繁に相互行為をし続けるかによって左右されるのです。したがって、脳は使えば使うほど、すなわち、いい環境のなかでいい経験をすればするほど、脳の機能が高まるということも、当然のことですが明らかにされています。

ですから、いわゆる社会力のおおもとの他人に対する関心、愛着、信頼感や、社会生活をスムーズに行なうために必要な資質・能力が培われるのは、大人たちが赤ちゃんとどれだけ頻繁に直接関わることができるか、その働きかけの絶対量にかかっているのだということです。このメカニズムについて詳しいことは、朝日新聞社から出ている拙著『学校の社会力』を読んでほしいと思います。

　さて、私たちも経験的に知っていることですが、脳科学の研究者や新生児の研究をしてきている人たちが明らかにしているのは、その社会力のおおもとがきちんと培われるかどうかは三歳ぐらいまでの間に、そういう「相互行為」をどれだけ頻繁に行なわれるかにかかっているということです。もちろん、その後になると、社会力が育たないというのではありませんが。三歳までくらいに「社会力のおおもと（原基）＝他人への関心、愛着、信頼感」がきちんと培われていけば、その後はそれが原動力となって、幼稚園、保育園、小学校といろいろな人と出会う機会が多くなるときに、自分の意思でいろいろな人とのインターラクション（相互行為）に進み出ていくことができますし、そのぶん、社会力もしっかりしたものになっていきます。

　逆に、他人への関心、愛着、信頼感といったものが早い時期に培われないとしたら、つまり社会力のおおもとが培われていない子は、他人と交わることを自分の意思で避けるようになっていくということです。その結果、ますます人と付き合うのは嫌だというメンタリティー（心性）がどんどん膨らみ、その結果、自己中心的であるとか、自分の行動をきちんとコントロールできないとかという性向がどんどん強まっていく。それがさらに高じて、人間そのものを嫌いになっていくということです。最近のいろいろな少年事件や、ADHDやLDやアスペルガー症候群の増加、フツーの子の自閉症化など、新奇な行動のベースにはそういうことが間違いなくあると考えていいのではないでしょうか。

子どもと真っ当に関わる

　では、なぜ子どもの社会力が失われたのか。高度経済成長期以降、日本の社会が地域であれ、家庭であれ、学校であれ、いろいろなところで相当に大きく変わってきているということがあげられます。肝心な他人への関心、愛着、信頼感といったものを培うために一番必要な生身の人間との直接的な関わり合いが必要な時期に、その環境が断ち切られ、また絶対量がどんどん少なくなってきているということに尽きるだろうということです。テレビやTVゲーム、また最近のIT革命が、生きた人間との接触や交流不足にいっそう拍車をかけているといえるでしょう。このことについては、本誌『子どもと健康』第66号の「IT革命と子どものコミュニケーション」を丁寧に読んでもらえばと思います。

　では、子どもに社会力をつけるために私たちは何をしなければならないのか。

　そのためには、「子どもの本当の〝友達〟は私たち大人なのだ」ということを忘れてはいけないということです。私たち大人こそが、真っ当に子どもたちと関わる機会と場所をどんどん増やしていかなければならないということです。

　そして、子どもたちの社会力を培うために、「総合的な学習の時間」を有効に使うことです。総合的な学習の時間は、文部省（現文部科学省）が生きる力を培うためとして設定した正規の授業で、いよいよ二〇〇二年の四月から必修の時間として開始されますが、私は、この授業を何としても成功させないといけないと考えています。

　なぜかといえば、この総合的な学習の時間

子どもと社会力

はグループでの学校の外での体験学習を主にした授業だからです。この授業をうまくやるには、先生ひとりで、学校のなかでいくら頑張っても駄目なわけで、親たちや地域の大人に全面的に協力してもらわないとできませんし、成功しません。だから、この授業を通しながら、地域の大人たちが子どもたちと直接に関わるようなことをきちんと行なっていけば、これまで述べてきたような社会力のおおもと、すなわち他者への関心、愛着、信頼感を育てることが実際にできるはずだと考えています。

人と人との「仲立ち」を

養護教諭の皆さんに、ぜひお願いしたいのは「人と人との仲を取りもち、他人への関心と愛着を募らせ、そして人間を好きにさせること」です。保健室に来る子どもたちが多くなっているといわれていますが、傷の手当だけで来るのではない子どもたちというのは、どちらかというと人と関わることを苦手とするような子たちではないかと思います。そうであればこそ、いろいろな人ときちんと付き合うことができるよう、人との仲立ちをしてほしいと思います。

ヒトの子は先天的に、社会的動物になる資質をもっているという思い込みがまだまだ強くあります。ヒトの子が社会的な動物になるためには、言葉を習得し、言葉の意味を正確に理解し、自由に使えるようになり、自分のまわりにいる人たちがそれぞれどんな位置を占めているか、どういう役割を果たすよう期待されているかを理解できるようにならなければなりません。そのうえで、はじめて、人間は社会をつくっている多くの人たちと適切に相互行為ができるようになるのです。このようなことは自然にできるようになるのではありません。まわりの大人たちとの相互行為を繰り返すなかで、時間をかけて、徐々に育まれるものなのです。

今の子どもたちはお互いに言っている言葉すら通用しない状態になっています。であればこそ、通訳のような役割というか、「○○君はこういうことで言っているんですよ」とか、「あなたが考えているような意味で言っているわけではありません」とか、「あなたの気持ちをわかってもらいたいのなら、こういう言い方をしたらいいよ」などと、わかりやすく、きちんと説明してあげることが、今とても必要で大事なことではないかと思っています。

人と人との仲を取りもつこと、とりわけ、大人との仲をとりもつことを通しながら、とにかく人を好きにさせる、人間に関心をもたせ、愛着をもたせ、人間は信頼できるんだという信頼感を募らせていく。いろいろな人とのいい関係をつくるきっかけをつくってあげる努力をしていくことを第一の任務と考え、皆さんにはぜひよい仕事をしていただきたいと思います。ご静聴ありがとうございました。

（第7回「子どもと健康」研究フォーラム記念講演 No.67、二〇〇一年秋号に加筆）

第3部

養護教諭として「ＡＤＨＤ」とどう向きあうか

松浦 和代
Matsuura Kazuyo――横須賀市立田浦中学校 養護教諭

「ＡＤＨＤ」という言葉が盛んに聞かれ始めたのは、一九九〇年に入った頃からでしょうか。アメリカで六〇年代に「多動児症候群」という名称がつけられ、その後、症状についての定義がされ始め、現在のＡＤＨＤ（Attention-Deficit-Hyperactivity-Disorder／注意欠陥・多動性障害）という名前がつけられたと記憶しています。

日本でも数年ほど前から、ＡＤＨＤにあたる子どもは、一八歳以下の子どもの約五％に上るといった推定が発表されたり、海外におけるＡＤＨＤの子どもたちに対する特別な教育方法などがテレビ番組などを通じて紹介されるなどの動きが出てきました。

これまで、いわゆる「落ち着きのない、集団に適応できない子」という範疇でくくられ、学校でも指導に手をこまねいていた子どもたちがこれにあたるのではないかということで、医療や心理学の分野で研究が進み、各関係機関でさまざまな研修や学習会が開催されるようになりました。養護教諭の間でも特に小学校を中心として、ＡＤＨＤの子どもに対する関心が高まり、積極的に学習し、研修を積む人たちが増えてきました。

ＬＤ（学習障害）という言葉が出てきたときもそうでしたが、それまでどうやっても学習や集団活動に理解を示さない子について、ＬＤの概念が出てきたとたん、それまで、主に子どもの側の原因論でくくられていたものが、一転してさまざまな研究が進み、教育方法の工夫が生まれてきました。

子どもたちのいろいろなことについての理解が深まり、対応に工夫がなされていくことはとてもいいことですし、一人ひとりの子どもを大切にすることにもつながっていくことでしょう。

学校のなかでそうした子どもたちに対する理解が遅れているために適切な支援が受けられず、教室にいることが苦痛になり、身体に変調をきたして保健室に来る子どもたちは少なくありません。養護教諭として、そうした子どもたちについての基本的な理解をもっていることはとても大切なことだと思います。

〇〇〇

しかし、関連文献のなかにある「ＡＤＨＤ診断のためのチェック表」を見てみると、自分自身や自分のまわりにいる多くの子どもたちにも該当すると思われる項目はいくつもあり、これをあえて治療を必要とする「病気」や、「障害」として区分することによって、子どもたちをラベリングしてしまう危険性や、新たな「障害」による分断を生んでいく怖さを感じます。

ＡＤＨＤに関して乱暴と知りつつあえていえば、昔から好奇心の旺盛な子どもにはよくある行動特性の一つなのかも知れず、世の中がこんなに忙しくなく、子どもたち（大人も）が時間をふんだんにもっていた頃なら、このような問題にはならなかったことなのではないかとも思えるのです。

ＡＤＨＤといわれる子どもの三分の一は自然に環境に順応できるようになるといわれています。残る三分の二が治療が必要だそうですが、薬だけではだめで、子どもに自信をもたせたり、叱るときも優しく簡潔に、どうすればよかったのかを教えるとか、たくさん誉めるとか、愛情を十分に伝えることなどが必要なのだそうです。

これは、べつにＡＤＨＤでなくてもすべての子どもに必要なことではありませんか。そうすることが特別な対応になってしまうという今の子どもをとりまく環境が問題なのに、ＡＤＨＤの子どもを取り出して、さまざまに研究を進め、結果、こういう子どもは今の学校の通常教育のなかでは対応できないので、特別な学級や学校をつくって、そこで丁寧に対応していきましょうという風潮になりかねないことが怖いと思うのです。

今、科学や医学はたいへんに進歩し、子どもたちのいろいろな状況が研究され、さまざまな名前がつけられて分類される時代になってきています。ＡＤＨＤもその一つだといえると思いますが、そうして分類された状況は、「症状」や「障害」として、特別に研究された対応が求められていきます。

しかし、学校で教職員に特別に研究された「適切な対応」を求める前に、まず現状の学校を見直すことが先ではないでしょうか。どんな子どもも地域の学校で学べるようにするためには、子どもたちがさまざまな「心とからだ」をもっていることを前提に、学校づくりや教育条件整備をすすめることが大切だと思います。

○○○

そのためには、子ども一人ひとりに目が届く学級編成にすべきでしょうし、ＴＴなどをもっと導入して、担任や教科担任がたった一人で大勢の子どもに対応する現状を改善すべきだと思います。養護教諭についても保健室で多様化する健康課題を抱える子どもたちにたった一人で対応する現状を改善すべきでしょう。また一人ひとりの子どもについて教職員や保護者、関係機関などが十分に話し合い、指導や支援の方法が工夫できるようなカンファレンスの時間も必要でしょう。

科学や医学の進歩で子どもたちの状況がいろいろ研究され、解明（？）され、そうした情報があふれている昨今、その適切な対応がもとめられ、学校全体の、また保健室での対応も情報に即したものが期待されてきています。養護教諭は専門職として幅広い学習や研鑽が求められ、担任教師や保護者、関係機関からも専門知識に基づく対応や指導などを求められています。

新採用といえども、それは同様です。経験の浅い養護教諭ならなおのこと、たった一人で多様化する子どもたちの状況に対応しきれるとは思えません。複数配置はもちろん、研修の拡充、保健室の施設・設備の充実など、整備しなければならない状況はたくさんあります。さまざまな子どもがいて、さまざまな考え方や教育内容が生まれ、豊かな学校や社会を形づくっていけると思うのですが、それにはかなりの教育予算を必要とします。

予算を限って、「障害」を理由に「特別な教室」で「特別な教育」をするために、集団から「取り出し」、丁寧な対応をすることが本当に子どもたちにとって最善のことなのかどうか、常に問い直していく必要があるでしょう。

〇〇〇

養護教諭として、一人ひとりの子どもたちに寄り添い、課題解決を図っていくことはとても大切ですが、一人で抱え込まず、あくまでも保護者や子どもたちの実態や願いに沿って、教職員相互のみならず、子ども、保護者、関係機関、地域の人々と連携し、何ができるか、何が本当に必要か等を話し合い、広く運動をすすめていくことが重要だと思います。

子どもたちが私たちに突きつけてくる「健康課題・教育課題」は学校や教育現場をよりよく変えていくための機会と捉え、インクルーシブな学校づくりの視点を忘れずにとりくんでいきたいと思います。

（№65、二〇〇一年春号に加筆）

養護教諭として「LD、自閉、多動」とどう向きあうか

鈴木 裕子
Suzuki Yuuko――横浜市立高田東小学校 養護教諭
（横浜国立大学大学院 教育学研究科障害児教育専攻 在学中）

キーワードは「インクルージョン」

「サラマンカ宣言」をご存じでしょうか。一九九四年、ユネスコの共催によりスペインのサラマンカで行なわれた「特別なニーズ教育に関する世界会議」で採択されたものです。そのキーワードは「インクルージョン」。直訳すれば「包括」、包み込むという意味ですが、ここでは障害、年齢、人種など何らかの理由で区別されることなく、すべての子どもを受け入れる方向性を示しています。

その背景にはノーマライゼーションの思想の普及、「子どもの権利条約」、国連総会による「障害者機会均等化に関する基準原則」決議など、権利保障に向かう歴史的・国際的な潮流があります。

これに似た概念としてこれまで、「インテグレーション（統合）教育」という呼び方が主に使われてきました。しかし、この言葉には障害のある少数派を障害のない多数派に合流させようとする二元論的ニュアンスがあるとか、形式的（場だけの共有）であるという批判があります。

一方、「インクルージョン」は、【すべての子どもを包み込むシステムのなかで、一人ひとりのニーズに合わせた支援が行なわれる教育形態】とされています。これを「すべての子どもを普通学級へ」と解釈するかどうかは異論もあり、必ずしも共通理解が図られているとはいえませんが、現場では確かに着実にその方向へ動き始めています。

また二〇〇一年、学校教育法施行令の一部改正で就学手続きが見直され、盲ろう養護学校の就学基準に該当する児童生徒が、適切な教育を受けられる特別な事情があると認められる場合は、小中学校に就学できることが法的にも可能になりました。

以前、一種の自閉症スペクトルムに該当するかと思われるあるお子さんの就学相談に関わりました。専門機関にもかかっているらしいのですが、保護者はそこでの相談内容を詳しく話したがりません。公的な教育相談機関でアセスメントを受けることもお勧めしてみましたが、色よい返事が聞かれません。特殊学級への就学を勧められることを恐れているようです。幼稚園で統合保育が行なわれていたこともあり、とにかく普通学級に入学させたい、その思いでいっぱいなのです。

最近は検査の結果だけで判断したり、本人

や保護者の意向を無視した一方的な就学指導はしなくなっていることをお話しすると、少し安心されたようでした。

新聞等でもしばしば就学に関して保護者の立場の投書が掲載されます。障害にかかわらず、兄弟と同じ地域の学校で、地域の友だちといっしょに学びたい、学ばせたい、それが普通のことなんだという声は、今後ますます強くなってくると思われます。

子どもを「固定的」に捉えない

このような形で普通学級に今どんどん増えているといわれているのが、今回取り上げたLD、アスペルガー症候群や高機能自閉症、ADHDを含む多動症等でしょう。これらの名称自体は日本にも一九七〇年代に入ってきていたのですが、一般的に使われるようになってきたのは一九九〇年代に入ってからのことです。最近はテレビの影響などもあり、関心も高まって、各種研修会やセミナーが数多く開催されているため、教職員の間では正しい理解がずいぶん広まってきているように感じます。

しかし、世間ではまだ「LDの方が自閉症より程度が軽い」とか、「高機能とは、特別に優れていること」などという誤解が一部にあると聞きます。子どもは一見似たような多動的な行動を示すことも多いし、近接する他の発達障害と合併している場合も多いので、わかりにくいのは確かかもしれません。

下の図は自閉症とその近縁の発達障害の概念的な重複のようすを模式的に示したもので、いくつかの混同されやすい障害の関係がとてもよくわかります。これらの診断は、WHOの国際疾病分類ICD-10や、アメリカ精神医学界の診断基準DSM-Ⅳによって医師が行なうものです。

ここで忘れてならないことは、子どもは一人ひとり違うということです。

障害の特性や対応の原則を知ることは大切ですが、それによって子どもを固定的にとらえてしまったり、区別したりすることは、絶対に避けなければなりません。また、発達に伴って状態像は変化するものです。

教職員にとって診断は、適切な支援をするための一つの手がかりにすぎません。障害のいかんにかかわらず、一人ひとりを大切にした関わりのなかで、それぞれの子どものもつニーズを見きわめ、子どもを中心にすえた支援を行なうこと、すべての子どもの学習権、発達権を保障していく視点が最も大切となります。

「理念」をどう具体化するのか

しかし理念とは裏腹に、現実はまだ数多く

FIG,2　広汎性発達障害と近縁の状態

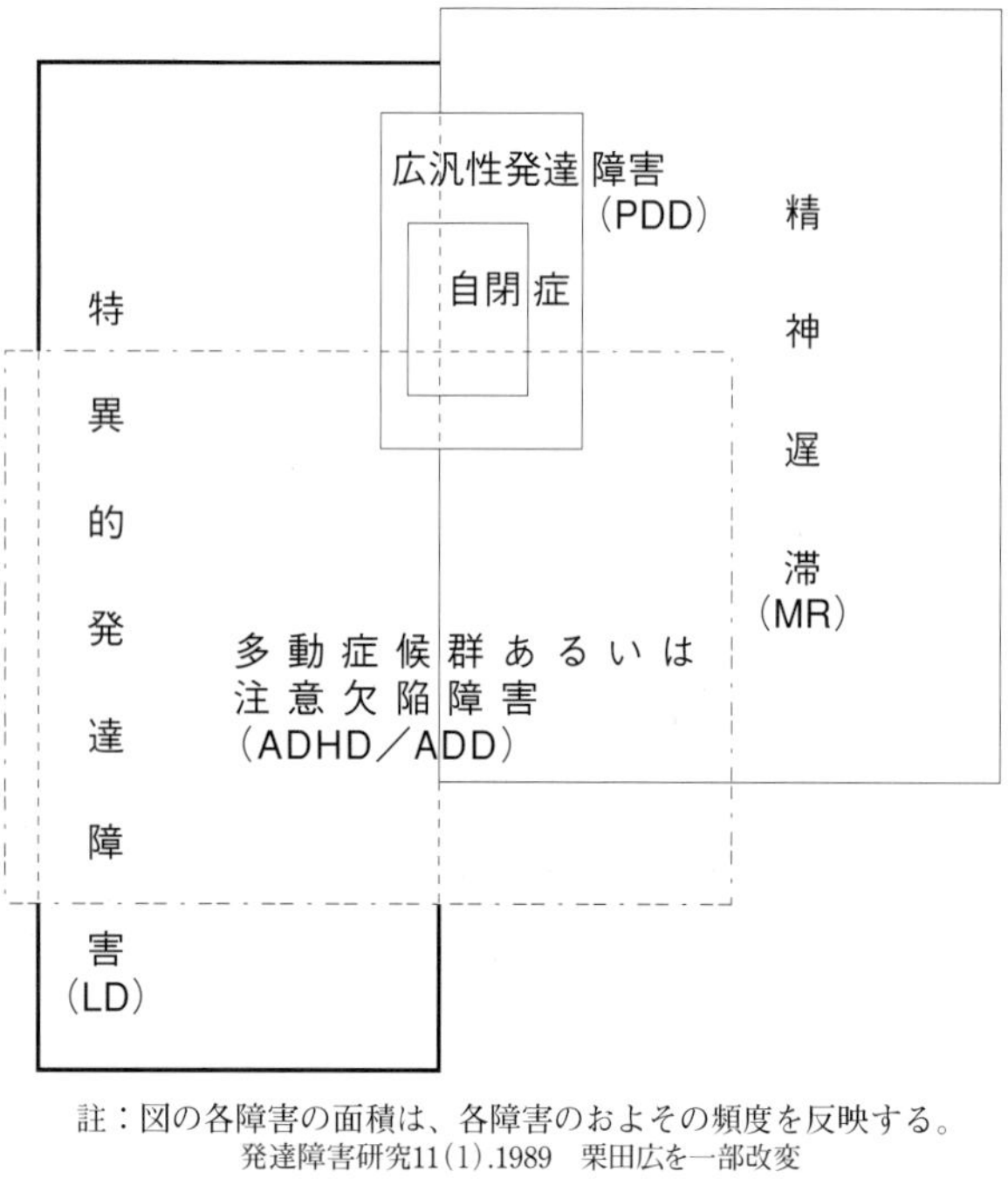

註：図の各障害の面積は、各障害のおよその頻度を反映する。
発達障害研究11(1).1989　栗田広を一部改変

の課題を抱えています。

　インクルージョンは理想だが、実際にさまざまなニーズのある子どもたちに、教師ひとりではとても対応しきれない、といった声をよく耳にします。また、一九九五年に国立特殊教育総合研究所が行なった、小学校の国語または算数に二学年以上遅れのある子どもの調査によると、五年生では九・四五％の子どもがこれに該当するにもかかわらず、何らかの教育的支援を受けているのは二・五％にすぎません。ＬＤの子どもだけでなく、いわゆる学業不振の子どもや、日本語習得の不十分な外国人等も含め、支援が必要でありながら十分になされていない現状が示されています。

　二〇〇一年、「二十一世紀の特殊教育の在り方に関する調査研究協力者会議最終報告」で、文部科学省として初めて高機能自閉症やＡＤＨＤについてふれるという画期的な動きがありました。それを受けて、「特別支援教育の在り方に関する調査研究」協力者会議が立ち上げられ、過日中間まとめが公表されました。

　それによると、ＬＤ、ＡＤＨＤ、高機能自閉症により特別な支援を必要とする児童生徒が通常の学級に約六％在籍するという実態調査結果や、学校での実態把握の観点の試案、基本的な指導方法などの参考資料が初めて示されています。

　こうした検討がはじめられたことは大いに評価できますが、現在の制度では、十分な支援態勢がとれる状況にはありません。四〇人学級に一人の教員という定数で、教師の情熱や授業のやりくりだけで対応するのは限界があります。学級規模や教員配置、校内体制、カリキュラムや授業形態など、学校のあり方そのものにも関わる改善が必要と思われます。中間まとめで言及されている非常勤職員等の活用だけでなく、一人ひとりの子どもへの適切な支援が継続できるよう、十分な教育予算措置を求めていきたいと思います。

「コーディネーター」としての養護教諭の力を活かす

　さて、養護教諭として、こうした動向のなかでどんな役割があるのでしょうか。

　これまで養護教諭が通常学級に在籍する障害児への関わりをまとめた実践報告というのはほとんどみられません。しかしよく聞くと、学級で不適応を起こして保健室に頻回来室していたり、保健室登校している例もあるようです。

　考えてみれば、ぜんそくやてんかん、心臓・腎臓疾患など、さまざまな疾病をもつ子どもへの関わりは養護教諭の大切な職務の一つです。「よりていねいに関わりたい子ども」として自閉や多動の子どもも視野に入ってくるでしょう。パニックやなんらかのトラブルを起こして保健室を利用する機会の多い子どももいるかもしれません。身体的なアプローチから子どもの心に寄り添い、支援する養護教諭の本領発揮の場面もあるかもしれません。

　そしてこうした直接の関わりだけでなく、もしかするとコーディネーターとしての養護教諭の力をもっと活かせるのではないか、これが養護教諭の職務の一つの方向性につながるのではないか、と私は考えています。

「システムアプローチ」の時代に向け、教育はどう変わるべきか

　これからの特別支援教育は「システムアプローチ」の時代だといわれています。子ども

本人への支援に加え、生活環境も整える必要性から、支援の必要な子ども、まわりの子どもたち、保護者、自治体によっては介助員、教師、学校、学校以外の機関、地域が協力し合うことが求められています。また学校に心理士や療法士、養護学校教員等の専門職が巡回してくることも考えられ、多職種の連携が大切になってきます。

不登校などへの組織的な関わりや医療機関との連携をコーディネートしてきた養護教諭は、ここでなんらかの専門性を発揮できるのではないかと考えるのです。

ＯＥＣＤ（経済協力開発機構）による欧米の特殊教育視察報告によれば、イギリスなどでは各専門職の調整をする「特殊教育コーディネーター」という職種もあるようです。彼らは、通常学級に入ってサポートをしたり、「リソースルーム」にいて、学習上のつまづきが生じて訪れた生徒に（ちょうど保健室のように）個別に対応し、学習困難の深刻化を予防したりする職種という話を聞いたことがあります。養護教諭とはかけ離れた職種のようですが、健康教育に関わる養護教諭の活動と似ているところもあり、興味深く思っています。

冒頭に述べたユネスコの考える「インクルージョン」は、通常の学校・通常の教育の改革運動が基本にあるといわれています。ＬＤ、自閉、多動をはじめとして、さまざまなニーズをもつ子どもを受け入れながら日本の教育がどう変わっていくべきなのか、養護教諭の将来像も含めて考えていきたいと思います。

（№68、二〇〇二年冬号に加筆）

Case Study 1

「ADHD」をもつA君への対応

求められる適切な指導・支援
――安易に決めつけることは危険

志賀 恵子
Shiga Keiko
山梨県甲府市立北東中学校
養護教諭

「今度の一年生はたいへんらしい」

「来年入学してくる一年生はたいへんらしい……」と前年度から話題になっていた学年であった。しかし、「来年の……」と入学してくる一年生のことがうわさされることは例年のことであるので、中学校としては特別に考えてはいなかった。ところが小学校へヒアリングに行ってきた先生が、今までになかった雰囲気の学年らしい、ということを聞いてきたときからは入学してくるまで少々気になった。

なにしろ学級崩壊は起こすし、担任の先生が体調をくずして倒れてしまったこともあったとのことである。そんなこんな言っているうちに入学式になった。心配をよそに、式の間も静かに落ち着いた雰囲気で座っている新入生のにこにこした顔を見て安心した。

保健室でも一年生へのオリエンテーションは特にていねいに実施した。私としては中学校への入学をひとつのけじめとし、子どもたちに生活の切り替えをさせたかった。保健室の使い方や私が保健室をどのように経営していくかを説明すると静かに聞いてくれた。子どもたちの表情は新しい出発で希望にあふれていた。

A君との出会い

新年度が始まり二、三日は平穏な日々が続き、ほっとしていた。しかし、しばらくして教室から職員室に戻ってきた一年生の先生から「静かに人の話が聞けない」「授業中の立ち歩きがひどい」とか「チャイムが鳴っても席に着くことができない」などという一年生に対する感想が聞かれるようになった。

入学したてのまだまだ小学生のようにあどけない子どもたちが、注意をしても全然反応がなく、ただ、わいわいと騒々しく動き回っているのだそうだ。休み時間になると廊下は運動場のようになり、縦横に走り回り、歩く人はまっすぐ廊下を歩けない状況だ。

注意してみるとなかでも一〇人ぐらいの子どもの動きが特に激しく、そのなかにA君がいた。一年生の先生方に言わせると、A君は特に動きが激しく、みんなを引っ張り回しているとのことだった。

そんなある日、けがをした友だちの付き添いでA君が保健室にやってきた。他の数人の友だちと一緒であった。色白でほっそりとした小柄な体つきで、にこにこして側に立っていた。そのときがA君との出会いであった。

嵐のような日々

時が経つにつれて一年生の様子はだんだんひどくなってきた。友だち同士のけんかや施設の破損が続いた。先生方は休み時間になってもずっと教室にいるようにし、あき時間も教室で仕事をするようにした。子どもたちの動きから目を離すことはできなかった。ちょっと目を離すと、すぐにけんかやいざこざが始まるのだった。

　Ａ君のクラスの担任の先生は、特に自分のクラスを思うようにまとめていけないことにだんだんいらだっていった。Ａ君は授業中に授業と関係ないことを大声で叫ぶ。まわりの席の友だちに声をかけてじゃまをする。消しゴムを投げつける。そのうちに周囲の子どもたちも同調していき授業はやがて成立しなくなっていくのである。

　ちょっと気に入らないことがあると側の植木鉢を払い落とす。担任が注意すると「うるせー」と反抗する。あまりのひどさに、担任はＡ君のお母さんに来てもらい学校での様子を話して家庭の協力を仰いだが、そのことでは状況は少しも改善されなかった。

　Ａ君たち一〇人ぐらいのグループには他のクラスの子どもたちも含まれ、学年全体にわたっていたが、特にＡ君のいるクラスの状況がひどかった。そのことで担任は自分の学級経営への自信を失い、体調を崩して学校を休みがちになる。学年の先生方も担任をバックアップする体制を整え、周囲の生徒の質を高めていかなければならないと、学年生徒会を中心に精力的に取り組んでいった。

　ある日、「先生、たいへんだ。Ａ君があばれている」と一年生が保健室に飛び込んできた。その生徒と一緒に教室の方へ行ってみると、Ａ君が担任に向かって大声で叫んでいた。「バカヤロー、離せー、お前なんか殺してやるー」。担任が抑えようとすると担任に向かって蹴ってきた。

　そのうちに止めに入った先生方をはじからなぐったり蹴ったり大暴れをした。やっとのこと男の先生が両側から抱えて相談室に連れて行くが、そこでも大声を出して怒鳴り散らした。そのときのＡ君の様子を見ていた先生方は「普通ではない」と感じる。

　私も子どもが教師に向かって反抗する場面は何度か経験しているが、そのときの様子は今まで見たことがない状況だった。

　後でそのときのことをＡ君に聞くと、「あまりよく覚えてない」と言う。その頃からＡ君については一般的な生徒指導が通じないのではないか、もう少し様子を見ていこうと話し合われる。ちょうどその頃、テレビでＡＤＨＤが取り上げられ、特徴がＡ君とよく似ていたので、私の頭の中で「もしかしたら……」と思う。

　さっそく本屋に行ってＡＤＨＤに関する本を探して読んでみた。また、実際にＡＤＨＤの子どもが在籍し、その指導に取り組んでいる県外の学校の先生から学校生活の様子や具体的な対応を聞いたりした。しかし、まわりが手をこまねいて悩んでいるうちにもＡ君は毎日トラブルを起こし続けた。

　そこで、家庭へ毎日の状況を伝えるなかで、専門機関への相談を勧める。両親はさっそく相談に行く。担任、養護教諭も日々の細かい記録を持参して同じ所へ相談に行く。そして、最後には本人も行って面接を受け、そこで精神科の医師からＡＤＨＤではないかという診断を受ける。それからＡ君に対してはＡＤＨＤ児としての対応が始まった。

学校でのＡ君への対応

　学校でまず取り組んだことはＡＤＨＤについて全職員が理解することであった。当時は今のようにＡＤＨＤという言葉さえ聞いたことがない人がほとんどであったので、次のような基本的なことを養護教諭がまとめて話をした。

1. ＡＤＨＤとは（内容省略）

2. 診断基準（内容省略）

3. 思春期に見られるさまざまな問題

　思春期は学校や社会に不適応状態になる子どもが多いが、特にＡＤＨＤをもつ子どもは、乗り越えることが難しい時期である。家庭や学校など周囲の評価が低く、叱責されたり説教されたりすることが多いので、自己評価が低く思春期になって自分を見つめる時期となっても自尊心を高くもつことができない。また、心の中の葛藤や不安をうまく言葉で表現することが苦手であり自分で自分の感情をコントロールすることが不得手であるので、ストレス状態になると、行動上の問題を起こしやすい。

4．家庭や学校での対応

●ADHD児への理解

ADHD児にとって、集中すること・じっとしていることができないのは本人の努力や親のしつけとは無関係である。このことを指導者はまず理解しなければならない。

●セルフエスティームを高める

ほめることがやる気のもとになり、しかることが自信喪失・希望喪失になる。「もっとしっかりやれ」とか「努力が足りないぞ」というような言葉かけは、劣等感を抱かせ向上心を低下させる。自己に対してよいイメージをもち、向上しようという気持ちをもたせるようにする。過干渉的で支配的な指導は逆効果であり、本人はますます落ち込み、反抗的な態度をとるようになる。

●共感すること

本人の感情に焦点をあて、その感情をあらわす言葉をかける。日常の問題行動を叱責する前に、「君も努力しているのにうまくいかなくてイライラするのよね」という言葉かけをする。

●システムをあたえる

整理整頓が苦手であるので、物の整理だけでなく、時間・情報などもコントロールできるように具体的なシステムを提供し、それを維持できるようにサポートする。

A君への具体的な対応
――日常的にとりくんだこと

①授業中にイライラしたり落ち着かなくなったら自分自身で判断して「保健室へ行きます」と授業の先生に言って教室を出てくる。このことは本人はもちろんのこと学年や授業へ行く先生方にも伝えた。

②イライラして保健室へ来室したとき、養護教諭はA君と話をして気持ちに共感してやるようにする。共感するちょっとした言葉かけで反抗的な態度が不思議に和らぎ、心をおだやかにすることができた。

③授業中の約束ごと（チャイム席・私語など）は事前にていねいに説明し、具体的にこういうことをすると注意されると予告しておく。

④教師側は日常的に注意しなければならないことが多くあるなかで、こういうことをしたら注意しようとあらかじめ整理しておく（何から何まで目についたことすべてを注意しない）。

⑤グループのなかに本人が入っていた場合、全体を叱り、本人の名前を出さない。

⑥叱るときは短く・くりかえさず・くどくどと過去の問題を持ち出さず・挑発に乗らずに落ち着いて叱る。

⑦対応していてがまんができなくなったときはその場を離れてしきりなおす。指導がうまくいかなくなったことを教師の力量不足と考え、無理をして指導を続けると暴力を呼び起こすことになった。

⑧学年では生徒会を中心に、子どもの質を高めていき、周囲の友だちを育てる。学級担任は学年職員のバックアップで学級づくりをして学級のなかの『言える友だち』を増やす。

⑨教師集団のチームワークを上手にとって日々実践をし、周囲から担任を責めたり攻撃することがないようにする。

⑩学級のなかで、本人が活躍できる場を与え、できたら本気でほめる。できるように周囲から支えることが大切である。

⑪仕事をさせるときも内容に無理がないように限定し、ケア体制をつくる。

⑫情緒に訴えるようにこんこんと語りかけても効果がないことが多い。話は短くするようにし、こちらの考えは折に触れて少しずつ伝えておく。担任と連携し、保健室へ来たとき、養護教諭から話すようにすることもあった。

⑬学習成績もだんだん下がってきたので、苦手の教科は個人指導する。

⑭パニック状態になり暴力を振るっ

たときは下手に刺激すると一層興奮が増す。手早く別室に連れて行き一定時間保護する。

⑮相談機関とは養護教諭がパイプ役となり連携していく。

A君への対応をとおして学んだこと

学年の先生方と悩みながら対応した当時はADHDについては世間で語られることは少なかった。しかし、現在ではADHDに関する書物も増え、ちょっと問題傾向の子どもを見ると「ADHDでは……」と安易に口にすることも見かける。

多動で注意散漫で衝動性のある子どもを簡単にADHDと決めつけることは危険である。しかし、A君のことを考えると、小学校のときにADHDと診断され、それなりの対応がされてきたらもう少し状況は変わっていたかも知れないと思う。

入学以来、A君は常に「なんでいつも俺ばっかり……」が口ぐせであった。毎日細かい注意を受け、ときには友だちに暴力を振るって叱られ、物を破損しては謝り、ご両親も何かと言えば学校に呼び出されては、A君の問題行動については頭を下げ続けてきたのである。中学校へ入って来るまでに、すでにA君の自己評価は低く劣等感のかたまりになっていたのである。

中学校では、このようなA君の二次的障害が常に指導の壁となった。ある研修会の席でADHDの子どもをもつお母さんが「わが子がADHDと診断されてほっとしました」とおっしゃったのを聞いて、的確に早い時期での診断の重要性を感じるのである。

診断は客観性をもたすためにいろいろな場面での観察や情報が大切である。ADHDをもつ子どもにとって学校は最も困難な問題にぶつかる場所であり、いろいろな症状を表わしてくる。教師は学校での子どもを観察し、情報を提供できる立場にあることを自覚し、研修を深め、子どもに対する目を肥やしていかなければならない。

また、ADHDをもつ子は、まわりが対応の仕方を誤るとパニックを起こして大きな暴力行為に発展するなどの不適応を引き起こすことが多い。また、適切な対応をしないで放っておくと、反抗挑戦性障害や行為障害などに移行する場合もある。教師がADHDという障害を正しく理解し、適切な指導と支援を行なうことでADHDをもつ子も心の落ち着きを取り戻し、自分に自信がもて、能力を発揮することができるのである。学校における教師の対応は重要である。

A君も中学校生活の後半はパニックを起こすこともなく、自信も少しずつ取り戻し、自分自身でコントロールしながら何とか落ち着いた生活をすることができた。家族は高校進学を願ったが、悩みに悩んだ末、「先生、オレ、じっとして座っているの無理だ……」とぽつりと言い、自分にあった進路を見つけて卒業していった。今は、自分で決めた自分にあった環境で、元気に活躍していることと思う。

〈参考文献〉
『手をつけられない子　それはADHDのせいだった』Mary Fowler 著
『ボクたちのサポーターになって』田中康雄・高山恵子著
『ADHDをもつ子の学校生活』Lindaj Pfiffner 著

（№65、二〇〇一年春号所収）

Case Study
2

自閉症の子ども親の会との交流から

地域社会の支援を考える

加藤 治子
Katou Haruko
本誌編集委員
茨城県・元養護教諭

私は、昨年（二〇〇一年）三月に退職し、現在は茨城県内の小学校に併設された学童保育室に勤務しています。児童のなかに対人関係の困難な子、問題行動を起こす子どもがいます。児童のよりよい保育方法を学びたいと地域の自閉症の子をもつ親との交流をはじめたところです。

自閉症は基本的には、脳の機能に障害があることを仮定しています。脳の機能障害には薬を開発する必要がありますが、いまのところ薬で若干状況改善はあっても、完治するものではないようです。児童一〇〇〇人に一・五人から二人いると言われ、それほど希な障害ではないとされています。

自閉症の障害は行動でしか現われません。対人関係がうまくもてないことを中心とした、さまざまの、普通の人とは変わった行動をもちあわせています。家族は、ライフサイクルの節目節目で強いストレスと困難に対処しなければなりません。

しかし療育や教育を受けることで、いろいろなことを経験でき、状況によっては薬などを利用し家庭の努力、周囲の協力が適切に得られれば、その能力の不足や社会的不利という症状が改善されると思います。そのためには、現行の社会保障・福祉の制度のような社会的システムや身近によき理解者を得て安定した人間関係をもつことが大切になります。

地域の親の会が果たす役割は大きなものがあります。そこで親の会のあらましと学んだことを述べてみたいと思います。

虹の会（自閉症の子ども親の会）

地域の障害をもつ子どもと親の交流の場とし、就学前から生涯にわたってのサポートのあり方を共に学び合い行政や社会に働きかけ、よりよい環境づくりに取り組んでいます。

発達に遅れのある子どもたちと親のため、早期発見・早期療育から、その後の自立した生活に向けての支援活動をしていくことを目的として活動されています。活動内容は次の四つを柱にしています。

①自閉症、知的障害等、脳に何らかの障害をもつ子どもたちの理解、知識の普及、社会への啓蒙に関する活動
②会員相互の研修および親睦に関する活動
③自閉症の子どもたちの生涯支援の普及活動
④さまざまな療育方法の勉強会

また、講演会などを催し、療育等の情報交換を行なうとともに、会員同士の交流サポートの場となる定例会をもっています。障害や療育に関する専門家の指導や自分の体験や経過、悩みをお互いに聴き合い支え合うことが親の会のモットーです。

昨年一〇月の定例会では、子どもが就学している学校とのつきあい方を話し合いました。

虹の会で聴き合い、学んでいること

●どう接したらよいのか――

①強引に何かをさせないで気にいっ

ている遊びを楽しみながらやれるようにしてください。タイミングを見て友だちのなかへ誘ってください。

②言葉かけを欠かさないようにし、言葉が身につくようにくりかえし指導してください。

③行動をよく観察して、かんしゃくを起こしても要求が通らないことを根気よく教えてください。体罰を与えてもまったく効果はありません。

●家庭での育て方は——

自閉症の子どもも成長する力をもっています。ゆっくりとではありますが着実に一歩一歩成長していきます。普通の子どもより不得手なことが多く、行動の予測がむずかしく戸惑ってしまうこともあるでしょう。

子どもを育てることは、自分が「子ども時代」を生き直すことでもあります。子を育てて、子に教えられることに気づきます。自閉症の子どもは人をだましたり、ずるいことには無関係な純真な子どもです。家庭で育てるには子どもの年齢に見合った育て方があります。

①乳児の頃は、自然や土に親しむ生活をさせて過敏になっている気持ちを和らげ、身体のすみずみから受ける感覚で自分というものを気づかせるようにします。

②幼稚園や小学校のときは、いつまでも幼児と扱わないでください。「これはできない、あれは嫌い」という先入観をもたないで、なるべくいろいろなことを体験させてください。家族がみんなで規則正しい生活をして、「していけないこと」「わがままは通らないこと」を根気よく教えてください。家庭と幼稚園・保育園や学校とで十分に伝えましょう。

●学校での指導は——

問題行動には意味があります。よく見てきめ細かい指導プログラムを立てて指導してください。自閉症の特徴は小学校の年代でいちばんはっきりします。いろいろな子どもとの出会いのなかで、言葉の使い方や人との付き合い方がうまくできなくて、奇声を出したり、自分や人をぶったりすることがあります。

多くの先生は、子どもをおとなしく座って指示を聞いて、行動できるのが当然と考えています。そのため、これらの行動を、早く止めさせようとします。これらの行動は障害に原因があるのですから、それを知り、適切な環境をつくらなければなりません。家庭と学級が力をあわせていきましょう。

①自閉症の子どもは、想像力が弱いので、新しい環境に遭遇すると自分の経験のパターンに頼ろうとし探索行動が起こります。

②子どもの発達の段階を知り、細かいステップによるプログラムをつくり、それを順序よく進めていきます。その何が必要なのかよく観察し検討して、状況にあわせて学習を進めてください。

③体をよく動かしたあとで学習したり、整理された狭い所で視線が教材に向くようにして、できるだけわかりやすい教材を使って指導してください。

④学校で学ぶことを、親によく説明して家庭でも復習するようにします。

●自閉症の人に街で出会ったら——

自閉症の人たちが街に出ても、特に問題はありません。性格的にきわめて純朴で要求や感情をありのまま表わす人たちですから、付き合ってみると楽しい人たちでもあるのです。

しかし、時にはこだわりや癖が、何も知らない人にはおかしく見えたり、迷惑に感じることがあるかも知れません。

自閉症の人の癖などは、不安定になっているときに、自分の気持ちを安定させたり回復させるためにしていることも多いのです。おかしな行動も「そうせざるをえない事情がある」のだということを理解してやっていただきたいのです。

①おかしなことをしたり、言ったとき——「笑ったり指を差したりしないでください」。彼らのプライ

ドをきずつけないようにしてください。

②社会的ルールに従わないとき――「列に並んで待ちなさい」とか「お金を持って買いに来なさい」とか、はっきり教えてやってください。

③話しかけてきたら――「聞いてやってください」。あなたが外国人に道を聞かれたとき、丁寧に教えるように「この人は何が言いたいのかしら」と考えて話し相手をしてほしいのです。

④次のような困っている様子が見えたら――どうか放っておかないで声をかけてください。

・しばらく同じ場所にふらふらしている
・電車の中で一人歩き回っている
・疲れ果てた様子で道端に座りこんでいる
・寒空に裸足でいる
・服の着方が異様だと見えたとき
・こだわりや、奇妙な手つきを繰り返しているとき

駅などで、自動販売機の使い方がわからないのかも知れません。声を掛けて手伝ってやってください。迷子かも知れません。交番につれていってください。

子どもと親に学び、支援へ

養護教諭として在職中は、子ども理解に努め一人ひとりの子どもの健康課題に向き合って執務してきたつもりでした。

しかし、学校現場を離れ、自閉症の子どもと親との交流を続けるなかで、子どもや親から多くのことを教えられる日々です。

自閉症の原因は、脳の中枢神経の機能障害により起こると想定されるようになり、生育暦や親の養育態度によるものでないことが明らかにされました。しかし、親は子どもの就学前から生涯にわたって、一貫したサポートを続けなければなりません。

私も地域社会のなかで自由に活動できる立場になりましたので、子どもと親との交流をより深め支援したいと思っています。

（No.68、二〇〇二年冬号所収）

Case Study 3

多動の子と向き合って ● 担任として

支援員の先生との二人三脚

山野 由梨花（仮名）
Yamano Yurika

静岡県A小学校　教諭

多動のA君の担任に

年度替り初日にA君がいるクラスの担任になることを初めて聞かされたとき、私は、正直戸惑いました。A君は多動で勝手に教室を出たり、大声で泣き叫んだり、基本的な生活習慣が身に付いていなかったり……と。そんなA君の様子を日ごろ目にしており、また昨年度から生徒指導委員会の報告などを聞き、担任のたいへんさを思いやっていたからです。

「そんな彼を私が……?」。学校の分掌上、出張が多く、教室を空けることが多い私にとって、不安ばかりが先に立ちました。そこで、校長先生や教頭先生に、私が出張のときには、学校体制で応援してくれるようにお願いしました。

そんなとき、元養護教諭の先生が支援員として、週三日、私の教室に入ってくださることになりました。私にとっては、何より心強い存在となりました。

まず、A君の様子をじっくり観察すること、そして前担任や母親より、彼の性格やいま何ができて、何ができないのか、そんな情報を収集することからはじめました。支援員の先生ともA君についての共通理解を図るため、〝A君メモ〟を毎日書きはじめました。

A君の実態

初日は、母親とともに登校しました。思ったより落ち着いていました。

二日目より、A君のさまざまな実態が見えてきました。

- ●自分のやりたくないこと、気に入らないことからは逃げ回る。大声をあげて泣き叫ぶ。
- ●休み時間に運動場へ、ふらっと出ていき、なかなか戻ってこない。
- ●一時間に何度も無断でトイレへ飛び出していく。
- ●まわりの子どもたちに対し、嫌がることを言っては、関心を引き、〝へらへら〟している。注意しても少しも響かない。
- ●トイレを済ませても手を洗わない。
- ●給食では、好き嫌いが激しく、肉類、スープ類はまったく食べない。手で食べ、ぼろぼろこぼす。
- ●気に入った洋服ばかり着てくる。つめが長く伸び、真っ黒だったり、髪の毛の手入れもせず、どう見ても清潔とはいえない。
- ●算数・体育・音楽はまったくやる気なし。寝転んだり、出歩いたりするなど、気ままに過ごす。
- ●独りで絵を描くことが好きで、人と関わることを苦痛に感じている。集団行動はできない。

四月当初は、支援員の先生が来ない日は、授業中も休み時間も気を抜くことができず、トイレへも行けず、一日が終わるころには、心身ともにくたくたでした。

支援員の先生と取り組む

〝A君メモ〟に今日、一日こんなことをがんばらせたいというめあてを書き、少しでもめあてに近づくよう根気強く指導しました。それがクリアーできたら次の目標へと進みました。常に支援員の先生と連携をもち、共通理解のもと、同一態度で指導にあたることを心がけました。

【四月のめあて】

特に基本的な生活習慣の育成に重点をおいた。

●朝の「おはよう」の挨拶をはっきり言う。
●学習の始めと終わりの挨拶をみんなと一緒に行なう。
●なるべく教室からふらふら出ない。
●トイレの後は手を洗う。
●手で食べない。

【五月のめあて】

人との関わりや苦手なものの克服を少しずつ心がけた。

●学習の始めと終わりの挨拶を皆と一緒に行なう（授業に遅れない）。
●ふらふらと席を離れない。
●人を傷つけることを言わない。
●給食の好き嫌いを減らす。
●体育の授業に少しでも参加する。

【六月のめあて】

さらに一歩進み、勉強することや我慢することを学ぶ。

●人の悪口を言わない。言ってしまったら素直に謝る。
●少しでも勉強する。
●一時間席に座っている（学習中のトイレは我慢する）。
●黙って教室を出ない。

という具合に、〝できた〟ものが増えていくように根気強く指導を繰り返す毎日でした。

支援員の先生がA君だけでなく、ほかの子どもたちにも声をかけてくれたり、A君が何かできるようになると、子どもたちみんなにそれを大きな声で報告してくれたため、クラスの子どもたちとも関わりがもて、「A君君、すごいね」「がんばっているね」と、子どもたちのなかにA君の存在が位置づいてきました。そんなときには、帰宅するとすぐに両親にうれしそうに報告するようでした。

次第に子どもたちのなかからも「A君、私の言ったことに笑ってくれたよ」「嫌いなスープを少しずつ食べられるようになったよ」「ブルドーザーの絵、上手だね」と報告してくれるようになりました。

どんな小さなことも、二人の目で見届けることができました。

前掲の「各月のめあて」を見ていただいてもわかると思いますが、問題になっていた授業中や休み時間の多動も、四月当初は、ふらっと運動場まで行ってしまっていたのが、四月後半には、教室の横の人工芝あたりまで、五～六月は教室内を……というように行動の範囲が狭くなってきました。これも支援員の先生が早く見つけてくれ、そのつど、その場ですぐに指導してくれたり、A君が教室に戻ってくるまで、クラスの子どもたちみんなで授業の始めの挨拶を待っていたりする学級態勢で、A君の支援をした成果だと思います。

また、ほかの先生方だれもが、A君に声をかけたり、その場で指導したりしてくれるなど、学校全体に支援・指導の輪が広がっていきました。

A君が支援員の先生によくなじんできたり、具体的なことが目に見えてできるようになったりしたことで、はじめは、担任の私や支援員の先生に不安を感じていた母親が、毎日のように連絡ノートへお願い事や子どもの様子などを書いてきてくれるようになりました。安心して学校に任せてくれるようになったのだと思います。

しかし、友達や先生をからかったり、人を傷つけることを言ったりしたときには、厳しく指導するよう心がけました。

「また今日も……」「どうしたら〝へらへら〟することなく、心に響いていくのだろう」と悩むことが何度もありました。しかし相談する相手がいるということで、私自身の不安やストレスは、ずいぶん解消されていきました。また支援員の先生が来る日は、A君だけのことに振り回されることなく、ほかの子どもたちや授業に集中することができました。

次のステップへの課題

〈その1〉

生活習慣が落ち着くにつれ、少しずつだが勉強のほうへも目を向けるようにしてきました。苦手意識が強く、まったく意欲を示さなかった算数では、支援員の先生にマンツーマンで指導してもらいました。〝やりたくないからやらない〟から〝やりたくないけど我慢しなければいけない〟と変わりつつあります。

しかし、その場限りで忘れてしまうことも多く、継続的な学習はまだできません。体育・音楽では、支援員の先生がいないと成立しないことが多く、特に体育では、目が届かないで遊んでいたり、ごろごろ寝ていたりしていました。運動場で姿が見えなくなるのは、もしものことを考え、とても不安でした。居場所がわかるまで、子どもたちを待たせ捜し回ったりしました。

支援員の先生がいないときは、せめて外での体育の時間だけでも応援の人がほしいというのが実感です。

〈その2〉

保護者は共働きでしたが、一年生の時から仕事が休みの日には、なるべく学校へ来て様子を見ていただいていたといいます。しかし、二年生になり、支援員の先生がいてくださると、一年生の時よりその回数が激減してしまいました。

「こんなに長く座っていられるなら……」という安心感があるように感じられます。ただ座っているだけでよしとするのではなく、少しずつでも彼なりの勉強ができるようにするためには、やはり家庭の協力が必要です。身体の衛生面も、まだまだ気をつけなければならないことが多い。

学校に来てもらうことで、A君の成長ぶりや問題点をいろいろ相談することができました。しかし、せっかく来てもらっても、大急ぎで帰ってしまう今の状態では、なかなか突っ込んだ話し合いができません。連絡を密にしながら、今必要なことは何なのかを常に頭に入れて、話し合いの場を確保していきたいと思います。

〈その3〉

A君のような多動性があり、情緒的にも不安定な子は、学校体制のなか、多くの目で見守っていく必要があることを実感しました。

「誉め、認めてあげること」「見守ること」「指導すること」をしっかり共通理解し、進めていくことが大切だと考えます。

望まれる支援体制

半年という条件のもと、元養護教論の支援員の先生と二人三脚で取り組んできました。期間が決まっていたため、なんとしてもこの半年で、生活習慣だけは身に付けさせようと取り組みました。

そして今、後期には、他学年の保護者が支援員として入っています。〝保護者〟ということもあり、最初は私も支援員の方も、A君の両親も戸惑いました。どこまで言ったらいいのか、遠慮したなかでのスタートでした。しかし、二人の支援員の方とも目標をもって、共通理解のもと、無理をせず、一歩一歩進んできました。何度も振り出しに戻りながら、小さな進歩を共通の喜びとしてきました。

どんなことでも話し合う相手が身近にいるということ、そして自分の苦労をわかってくれる相手がいるということは、私にとってとても幸運でした。今後も、ぜひ、この支援員の制度の継続を心から切望せずにはいられません。

（No.68、二〇〇二年冬号所収）

Case Study 4

共に育ち合い、共に歩む ● 介助員として

たくさんの個性をつなげていきたい

北澤 光子
Kitazawa Mituko
神奈川県横須賀市　共に歩む会代表

不登校の子どもたちとの出会いから

私が、LD、自閉、多動であろう子どもたちと出会ったのは、不登校の子どもたちが通う機関でした。それぞれの子どもたちは学校というところに居場所を失い、不登校というかたちをとっていました。一人ひとり見ると何らかの配慮があれば、学校でやっていけるであろう子どもたちです。ただ、親御さんの方が、まいってしまっている場合もありました。「しつけが悪い」「育て方に問題がある」と言われ続け、すっかり疲れてしまっているように見えました。

子どもにとって〝癒しの場所〟は必要ですが、親にも必要だと思ったのも、ここでの出会いからでした。また、情報がないか、あっても不正確であったりするがために、親のしつけや先生の　励まし　という名で行なわれる厳しさにより、押しつぶされていく子どもたちを目のあたりにし、情報を提供する場所も必要だと痛感しました。

普通高校に入ってきたM君との出会い

県立の普通高校に自閉症の子が入ってくることはたいへんなことのようで、介助員がつくことが、さまざまなところで取り上げられていました。そこで私は、介助員をしながら自閉症を学び、特にTEACCHプログラムについては、いろいろなセミナーに参加して学んでみました。

しかし、それだけで理解できるほど簡単なことではありませんでした。そこではさまざまな問題が起きてきます。その時々で、先生、介助員みなで悩み考え、対処していくしかありませんでした。みんなで「スーパーバイザーがほしいね」とよく話していました。

しかし、M君がクラスに入ってきた当初、クラスメートのなかには嫌がっていた子もいましたが、毎日一緒にいて慣れてくると、子どもたちはとても良い対応を考えてくれました。昼休みの音楽がかかるとパニックになる彼を見て昼の放送を止めてみたり、合唱コンクールでは混乱しないよう彼を真ん中にして後ろから抱えるように歌ったり、勉強も今やっているところがわからないと混乱する彼の側にいつも付いて、勉強を教えてあげる特定の子が現われたりと、自然なかたちで助けていました。

ある女の子が私に「今まではあんな子がいたら怖くて近寄れなかったんだけど、最近平気になって、今日、電車の中でどこまで行くのって聞けたんだよ。怖いものが一つ減ったよ」と教えてくれたりもしました。子どもたちは、いろいろと自閉について質問してきますが、何々プログラムとかは知らなくとも一人の友達として、たくさん考えてくれました。また、大人の私たちにも痛烈な批判をしてくることもありました。

「僕たちは自閉の子とクラスメートになれて、たくさん学べてよかったけれど、M君は学びにつながった

のか」とか、「本当にこんなことをしていて彼の能力を伸ばせたのか」などとも言われました。また、「障害をもっている人を怖いと思い、なんだかそれが悪いことのように思う罪悪感は、ただ慣れていないだけで、もっと小さいときから一緒だとよかったのに」と話してくれた子どもたちもいます。

　M君は、今は作業所に元気に通っています。彼のことについては、いろいろな人から耳にします。あの時、普通高校で学び、たくさんの仲間ができ、地域のみんなに見守られて生きているのだと思います。その後、彼のクラスメート、先生、介助員、学校の方々にお会いするたびに、彼の話になります。彼は、少なくとも自閉というものを見つめる機会をみんなにもたせてくれました。

「ぼくは、ダメな子なんだって」

　小学校で勉強が苦手で教室でじっとしていることができず、いつも廊下で会うOちゃん。いつもクリクリとした大きな目でニコニコしながら、「先生」と近寄って来てくれます。そんなOちゃんが、心の相談室に「ぼくの話も聞いてくれるの」とやって来ました。

「ぼくってダメな子なんだって」と、けろっとした顔で、Oちゃんは私に言います。お家でも勉強ができないと、お母さんにも、兄弟にも言われ、教室でわからないことがあるとつまらなくなり、つい何かやってしまうため、クラスメートからもダメな子と言われているようでした。

　それからも、Oちゃんの〝心の泉にお水〟がなくなってしまったのか、毎日、〝お水をくみにくる〟ように、話をしに来てくれました。本当は、親が〝心のお水〟を与えられればいいのでしょうが、親の心の泉も空っぽだとそれができません。

　そこでまずは、子どもに〝お水〟を与えることにしました。そのような子が一日に一〇人、二〇人と来ていましたから。

　そのころ、不登校だったY君のことを思い出しました。Oちゃんと同じように「自分はダメな子だ」と言っていた子です。人懐っこい笑顔のステキな子でした。彼の行動にひどく不都合が表われるまで、だれも彼の行動が障害のせいだとは気づきませんでした。不適切な対処をしつづけたのか、さまざまな問題行動を起こすようになってしまったようです。ついに彼は、病院に入ることとなり、あの笑顔を見ることはできなくなりました。「ダメな子」だという無力感から、リストカットを続ける女の子も多く見てきました。

「ダメな子」などと思わせるのは簡単ですが、自分はステキな人間だと受け入れることはどんなにたいへんなことかということを、嫌というほど見てきました。

　そこで、どの子にも、「あなたは、お父さんやお母さん、おじいちゃん、おばあちゃんが待ちに待って生まれてきた大切な子なんだよ」と、いつも言いました。そんな言葉さえにでも、語りかけられた子どもたちが泣き出す姿をたくさん見ました。

「今までこんな子見たことがない」とあきらめるのではなく、「どうしたらこの子が生きていきやすいか」「何ができないのではなく、どうすればできるのか」を、親も子も先生も一緒に考えることや、怒る前になぜそんなことをしなくてはいけなかったのか考えること——このことはすべての子どもに当てはまることで、LD、自閉、多動の枠に入る入らないではなく、一つの個性としてみていくべきなのではと思います。

　いろいろな個性があればあるほど、人は人を助ける方法を知り、人と人とがつながっていける方法を考えられる人になれます。これが人が育っていくことだと思います。これは、子どもだけではなく、いろいろな個性に出会うたびに大人も育っていきます。

「あきらめないで。一人じゃないよ」

　いろいろな個性に出会い、たくさんの子どもたちに育てられて、今の私があり、大人として何ができるのかを考えました。

　彼らは、ただ一つの個性と捉えたとしても、突拍子もないことをいつもしてくれるたいへんな個性です。その個性を理解しようと一人で頑張ってきた親、一人で他の大勢の子どもたちに目と手をかけながらも、そのたいへんな個性に向き合っている先生、廊下や学校をさまよっているたくさんの個性に目と手をかけたくてもかけられずにいる養護の先生をたくさん見てきました。

　一人で向かっていると、どうしても「親が悪い」「先生が悪い」の堂々めぐりになってしまいがちです。そこで、みんなで手をつないで、それぞれの子どもがもつ一つの個性をみていければ、どうだろうかと思いました。そして、それをなんとか形にできないかと、「共に歩む会」をつくりました。まずは、自閉のS君に教室ボランティアをつけることから始めました。

　私は、小学校のときに不登校になった彼と出会いました。なんらかの配慮があれば、普通級で学べる自閉の子もいます。ある市では小中学生にも介助員をつけていることを知ったので、お母さんと相談しながら進めることにしました。

「ただ一緒にいること」がよいのではありません。彼も学べる体制をつくることを、ともに考え、さまざまな人たち、そして学校の協力を得ながら、大人たちの育ち合いの場として「共に歩む会」をもちました。また、一人でやっているのではないことを確認する場として、月に一回、親、先生、ボランティア、国立総合特殊教育研究所の先生、また研修生の方々が集まる場をつくりました。それぞれ立場がちがっても一人の子どものために和気あいあいと話し合いのできる場となっています。

　はじめは一人の子のために始めた会ですが、今はさまざまな障害をもった子の親、その担任の先生など、たくさんの大人の輪が広がりつつあります。そのなかで、自閉症というものを理解するために、ボランティア、先生、親が、専門の先生から学ぶ勉強の場にもなっています。そこでは多動、LDの子だけでなく、どんな子どもたちにも多く使える対応の仕方があることを学んでいます。

　こうした集まりを始めるにあたって、一番気がかりであった地域の人たちからいかに理解を得ることが大切かを考えました。

　そこで、同学年の親御さんの集まる席で、なぜこのボランティアをやっているのか、障害をもっている子どもがまわりの子どもたちとともに過ごすことがどんなに子どもの育ちのなかで必要であり、大切なことか、また、ボランティアとして関わることで大人も一緒に育ち合うことを話して、理解をもとめました。

　ある小学校で、クラスメートのお母さんたちがボランティアとして自閉の子の登下校を助けてあげたことで、その子のお母さんが「地域の人と自分の子どもの話ができることがうれしい」と言っていると聞きました。お母さんが今まで地域の人とは自分の子どものことで話をすることができずにいた辛さを思いました。

　しかし、相談することもできずに、一人で辛い思いをしている人が大勢いると思います。LDが障害のひとつであることを理解してもらえず、辛い思いをしているという話も聞きます。LD、自閉、多動の子は一見なんの障害もあるようには見えません。また、障害という枠に入れるのではなく、理解と配慮をしてほしいと思っています。

　親も先生もよかれという思いで一生懸命なのでしょうが、LD、自閉、多動ということについて知らないばかりに、間違った対応をし続けてしまった場合、二次的障害をまねいてしまうことを知っていただきたいのです。そのためには親、先生の学ぶ場所と時間が必要と思っています。

　まだ歩み始めたばかりの「共に歩む会」ですが、今は親が一人ではないと思える場所、そして情報を交換できる場となっています。一人ひとり大切な子どもを前にして、みんなと違う個性と一緒にいることが楽しめることが大切なことと思います。

（№68、二〇〇二年冬号所収）

学校教育の現場でどうとらえるか●

「子ども主体の学校のあり方」を求める議論は現場教職員の責務

田中 禎憲
Tanaka Yoshinori
日教組中央執行委員

日教組は障害のある子どもたちの教育については、子ども一人ひとりの特別なニーズを認めるとともに、ノーマライゼーションの理念のもと、共生・共学の視点で地域の学校で受けとめるというインクルーシヴな教育を目指し運動をすすめてきた。

障害児教育の今日的課題の一つとして「注意欠陥／多動性障害（ADHD）」児が大きく取り上げられている。日教組は「注意欠陥／多動性障害（ADHD）」児（以下「ADHD」児と記す）については、「新たな障害」を生み出さないという視点でとりくんでいる。「ADHD」児を中心に今後の障害児教育のあり方も含め、日教組の対応と今後の課題について述べていきたい。

「ADHD」児を取り巻く状況

(1)「病名の独り歩き」と学校教育現場・組合の「混乱」

「一七歳問題を引き起こしたのはすべて『ADHD』児であった」というような驚くべき話が聞こえてくる。「ADHD」児をインターネットで検索してみると、その数の多さに驚く。「ADHD」児の研修会が大盛況である。それだけ「ADHD」児が注目され、社会的問題のように取り上げられている。ある小学校の教職員が言ったように「ここのクラス全員が『ADHD』児にされてしまう」といった嘆きの声が聞こえる。

いったいこの状況は何を意味しているのだろうか。病名だけが子どもの生活から切り離され独り歩きをしはじめている。「ADHD」児というという新たなレッテル貼りにより、その子どもの本質と触れ合い、成長を支援する前に、子どもを規定してしまい「特別扱い」「偏見」という「現場の混乱」が生じている。

組合のなかにもこの混乱は生じており、「ADHD」児を障害児教育部の課題として捉えてしまっている。子どものニーズに応えるという観点でどう支援すべきかを検討すれば、学校・組合全体の課題になるはずである。しかし現実には、そうなっていない。なぜなら「ADHD」児は現実の教育現場で「特別扱い」と「偏見」のなかで生きているからである。

(2)「二一世紀の特殊教育の在り方について」（最終報告）と二〇〇一年度文部科学省予算を中心とした文部科学省の動向

「二一世紀の特殊教育の在り方について」（最終報告）で「注意欠陥／多動性障害（ADHD）」児については、以下のように提言している。

- 通常の学級に在籍する「ADHD」児の実態を把握するため、全国的な調査を行い、その成果を踏まえ、教育関係者や国民一般に対し幅広い理解啓発に努めること。
- 「ADHD」児等への教育的対応については、国立特殊教育総合研究所の研究成果等を踏まえ、調査研究を行い、判断基準、効果的な指導方法等について検討すること。

これを受け、二〇〇一年度文部科

学省予算では特別支援教育の在り方に関する調査研究（新規）に一千万一〇〇〇円の予算をつけている。内容は特殊学級在籍者数・通級指導対象児数の増加、注意欠陥／多動性障害児など特別な教育的ニーズを有する児童生徒への対応のため、障害児学校の支援のあり方も含め、小・中学校における特別支援教育のあり方について調査研究する協力者会議の設置を求めている。

主な研究内容は注意欠陥／多動性障害児や学習障害児等の指導方法と効果、小・中学校における特別な教育的支援が必要な児童生徒に対する支援のあり方等になっている。また小・中学校における特別な教育的ニーズを有する児童生徒の実態調査や特別支援教育調査事業を行なう予定である。

これらの動きは子どもに「ＡＤＨＤ」児というレッテルを貼り、新たな「障害」を生み出す危険性がある。つまり「ＡＤＨＤ」症を子どもから抜き出し、「障害」の程度、種類、特性に応じた「障害の治療・克服」をめざした「特殊」教育の対象にしようとしていることである。

日教組は「ＡＤＨＤ」児をどうとらえるか

(1) 学校のあり方が問われている

直接子どもに責任をもつ現場教職員の代表である日教組として、「ＡＤＨＤ」児が問題となること自体が問題であることを指摘せざるをえない。

「ＡＤＨＤ」児がいわゆる「問題児」のように扱われ、「病名」がつけられ、「理解できない子ども」というレッテルが貼られ「学校」から排除されようとしている。なぜこのようなことがおきるのか。現在の「学校」は能力・差別・選別主義を基調として子どもを「学校」に適応させている。このような「学校」では、「適応できない」子どもや「能力の劣る」子どもはレッテルを貼られ、隔離・分離せざるをえなくなる。だからこそ「障害」の程度、種類、特性に応じた教育が必要となる。

「ＡＤＨＤ」児を考えるさい、まず第一にこの能力・差別・選別主義を基調とした「学校」のあり方を問うべきであり、子どもの個別的課題のみに視点をおいてはならない。誰のための学校かを問いつつ、学級担任や養護教諭のみの教育課題に矮小化せず、学校の教職員全体の課題として「ＡＤＨＤ」児というレッテルを貼らず、誰とも比較できない一人の子どもとして実態にせまり支援体制をつくるべきである。

(2) 日教組は「ＡＤＨＤ」児をどうとらえるか

①日教組の基調

日教組障害児教育部の「ＡＤＨＤ」児に対するとりくみの基本方針は次の通りである。

「学習障害（ＬＤ）」児、「注意欠陥／多動性障害（ＡＤＨＤ）」児など専門家によるレッテル貼りや、能力主義の問題性を明らかにするとともに、行政課題については交渉を基本にすべての子どもの学習権を保障する。

また、「二一世紀の特殊教育の在り方について」（最終報告）にたいする日教組見解と基調は以下の通りである。

日教組の基調

「病名は子どもの一部を理解するために便宜上使用されるべきであり、子どもを規定するものではない。」

日教組の見解

学習障害（ＬＤ）、注意欠陥／多動性障害（ＡＤＨＤ）児、高機能自閉症障害児等の指導の在り方については、危惧を覚える。病名は子どもの一部を理解するために便宜上使用されるべきであり、子どもを規定するものではない。新たな障害者づくり推し進めないよう、また教職員が病名に振り回されないよう「子どもの本質」の理解こそが重要である。

誰もが「ＡＤＨＤ」というレッテルを貼られる危険性があることを忘れてはいけない。「ＡＤＨＤ」の症状とその治療に関してはここでは詳しく触れないが、子どもの本質さえ理解できれば「病名」は必要なくなると考えている。

誰とも比較できない一人の子どもへの実態と支援のあり方にせまるため、さまざまな手だてはとるべきだが、「病名」がついたために教職員が「病名」に振り回されたり、子どもを特別扱いするようなことがあってはならない。

「病名」をつけることによって子どもの本質を理解する前にその子どもを規定してしまい、養護教諭のみの課題に矮小化される。教育の現場全体で「教育」ではなく「治療」をおこなってしまうことを指摘しておきたい。

現場教職員の責務

(1) 現場教職員は「医者」ではない

目の前にいる子どもたちの実態をつかむとき、私たち教職員が忘れがちなことは、子どもたちと共に生き、共に学び合うなかで育まれた信頼関係のなかで、その子どもたちの姿が見えてくるということである。私たち教職員の最大の責務は、その子どもたちが自らの力で自分を大きく成長させていくことを支援することにある。

そのために教育目標・内容・方法・評価があり、教育条件整備がある。学習の主体はどこまでも子ども側にあるのであって、私たち教職員が主体ではない。子どもの「できない」ところ、「苦手な」ところを抜き出し、それを「治す」ことではない。共に生き、共に学び合うなかで育まれた信頼関係のなかでその子どもたちをトータルにとらえ、トータルに支えることである。「できない」、「苦手」とは良い悪いという範疇には入らない。一人ひとりの子どもにとって「できない」「苦手」とは自らの力で大きく成長していくことにとって必要なことである。

「ADHD」児というレッテル貼りは子どもの「できない」ところ、「苦手な」ところを抜き出し、それを「治す」ことにつながる。わたしたち教職員は「医者」ではない。教職員の責務とは「治す」ことではなく「育てる」ことである。

(2)「ADHD」児を議論する

日教組は「ADHD」児をきちんと議論すべきであると考えている。

「ADHD」児というレッテルの実態と中身は子どもたちと向き合った実践をとおして、議論すべきである。そのためには「子どものための授業づくり」が必要である。

教科書等の教育内容をいかに速く、いかに多く、いかに正確に、理解させることが先ではない。これが先にくれば「ADHD」児というレッテルを貼られた子どもは隔離・排除されてしまう。この子どもたちが自らの力で自分を大きく成長させていく支援の方法の観点で「授業づくり」をすすめる必要がある。この「授業づくり」をとおして教育課程のあり方、教育方法、それを支える教職員の配置と学校全体の協力体制そして、今後の条件整備の検討の必要性に気づくはずである。

そして、これは「ADHD」児というレッテルを貼られた子どもの場合だけで考えることではない。すべての子どもが主体になる「子どものための授業づくり」が今、必要である。そしてそれを支える「子ども主体の学校のあり方」の検討すべき時期にきているということである。

「ADHD」児を議論するとは「子ども主体の学校のあり方」を求めることであり、この議論を巻き起こすのは現場教職員の責務である。

(3) 現場教職員の「心の余裕」と協力協働

現場は多忙である。子どもを目の前にして、あれもこれも必要と考えつつ、できない自分を責めてしまいがちである。わかっているけれど、「時間が足りない」「自分の力量が不足している」等など。しかし、大事なことは「わかっている」ことである。「ADHD」児というレッテル貼りは、その子どもを特別扱いし、新たな障害者差別を生んでしまうことを「わかっている」ことがまず大事なことではないだろうか。

教職員は完全な存在ではない。自分の得手、不得手を教職員同士で補完すべきである。だからこそ教職員の協力協働が必要なのである。

「ＡＤＨＤ」児というレッテルを貼られた子どもを前にこの子どもの支援を自分一人で、または学校だけで抱え込む必要はない。本人・保護者・学校の連携のもと、必要に応じて医療関係、障害児学校・学級の教職員との連携も大事なことではないだろうか。

「ＡＤＨＤ」児というレッテルを貼られた子どもを排除しない「学校づくり」をめざし、しなやかに、そしてしたたかに現実的対応ができる現場教職員の「心の余裕」と協力協働が必要である。

これからの私たちの課題

(1) 誰も排除・差別しない学校づくりをめざして

日教組の「教育政策と運動」は、「現場教職員による教育改革」をめざしている。その大きな柱として、「地域に開かれた、地域とつなぐ学校」「子ども参画の学校」「高校教育改革」「共生・共学の進展とインクルーシヴな学校」などがあげられている。

これらの柱の基調はすべて「誰も排除・差別しない学校づくり」をめざしている。子ども一人ひとりが主人公になれる学校とは、「能力」「障害」「病気」などにより子どもを排除・差別しないことである。「ＡＤＨＤ」児というレッテル貼りを必要としない学校がまさに子どもを育てる学校といえる。

(2) 共生をめざした教育の創造にむけて

① 教職員の内なる能力・適格主義の克服

日本には根強い「優生」思想と障害者差別が存在する。障害とは「あってはならないもの」「困るもの」「克服すべきもの」「社会にとってはマイナス」などといった「障害観」がある。現在の「学校」「教職員の内なる意識」の底流にある能力・適格主義は、この「障害観」を強化してきた。この能力・適格主義が「ＡＤＨＤ」児を問題にする大きな要因のひとつであり、障害者差別を生み出してきた根元のひとつであることを自覚すべきである。

私たち教職員は内なる能力・適格主義を「共に生きる」実践をとおして克服していかなければならない。

② 教育内容・制度の創造

「ＡＤＨＤ」児というレッテルを貼られた子どものみならず、すべての子どもは個性体であり、一人ひとりがさまざまな教育的支援を必要としている。これを基調に教育内容・制度の創造を行なうべきである。

「この子どもはこの学校にいるべきではない」ではなく、「この子どもと共に生き、学び合うためには何が課題か」を、子ども中心とした教育実践のなかから課題化していくことがスタートとなる。

この課題を解決していく手順と方法が「誰も排除・差別しない学校づくり」の方策となる。

カリキュラムをはじめとする教育内容のあり方、教育方法と教職員の配置、評価のあり方、それを支える、学校組織のあり方・地域・保護者との連携・施設・設備の充実。そしてこれらを制度として確立していくための法整備などの変革が求められる。

③ 進路保障と社会参加

a 高校入試改善と高校教育改革

文部省は「障害を理由に入学を拒否することのないよう指導したい」と表明しているが、現実的には知的障害児は定員割れでも不合格とされることが多く、高校の教育課程に対応できる者などとする能力主義を前提とした入試制度や適格者主義の考え方をこそ問題にしなくてはならない。

「ＡＤＨＤ」児というレッテルを貼られた子どもにたいしてもこの能力・適格主義により後期中等教育の保障に困難が生じることが予想される。さらに高校と連携した「高校入試改善と高校教育改革」をすすめる必要がある。

b 社会参加

「ＡＤＨＤ」という「病名」をつけられ「治療・克服」すべきものとしてとらえられ、新たな障害が生まれようとしている。今後、社会参加について障害者福祉との関わりのなかで「ＡＤＨＤ」児は新たな障害者として規定されてしまう恐れがある。

ノーマライゼーションの進展という国際的な流れのなかで、新たな障害者差別と偏見をまた生み出してしまう。私たち教職員は子どもの社会参加も含めてライフステージをみわたして、子どもの学校生活を考えるべきである。「ＡＤＨＤ」児というレッテル貼りは子どもの社会参加のあり方も同時に問われることである。

＊

私たち教職員は学校の枠内だけで子どもをとらえがちである。子どもは私たち教職員の知らないさまざまな現実と痛みを背負っている。

「ＡＤＨＤ」児というレッテルの貼られた子どもへの支援をとおして、子どもと共に生き共に学ぶ喜びと苦しみ、学校全体での協力協働の必要性、保護者との信頼関係の大切さ、障害児学校や地域、他関連機関との連携の重要性等、学校の枠を越えた教職員の自主的な活動の必要性に気づくはずである。

これらの活動により、わたしたち教職員の知らない「子どもの姿」がみえてくるものだと思う。そのとき「ＡＤＨＤ」というものがその子どもの属性の一部にすぎないと理解できるのではないだろうか。

（№65、二〇〇一年春号所収）

『子どもと健康』臨時増刊
ADHD、LD、自閉、多動ってなあに？

2003年１月31日 第１刷発行
2005年７月１日 第５刷発行

発行所　㈱労働教育センター
編集　Office2
〒101-0003 東京都千代田区一ツ橋2-6-2 日本教育会館
TEL. 03-3288-3322　　FAX. 03-3288-5577

DTP：㈱エムツーカンパニー　印刷：互恵印刷㈱

『子どもと健康』既刊ナンバーのご紹介

1	(1985春)	健康診断を問いなおす
2	(1985夏)	健康教育はいま(品切れ)
3	(1985秋)	インフルエンザ・ワクチン(品切れ)
4	(1986冬)	保健室を考える
5	(1986春)	母子保健法改悪
6	(1986夏)	臨教審第二次答申と学校保健
7	(1986秋)	インフルエンザワクチン集団接種中止(品切れ)
8	(1987冬)	“薬”を考える
9	(1987春)	“部活動”を考える
10	(1987夏)	“学校給食”を考える
11	(1987秋)	「性」いまなぜ「性」の教育なのか
12	(1988冬)	「精神管理」その変容と学校状況
13	(1988春)	「感染症」うつる病気は恐いか
14	(1988夏)	病気をもつ子どもたち
15	(1988秋)	なんのための「体育・スポーツ」?
16	(1989冬)	いのちの危機と環境汚染
17	(1989春)	共生の輪は広がったか ── 障害をもつ子と学校
18	(1989夏)	どう変わる?学校保健
19	(1989秋)	やってよいのか心のテスト
20	(1990冬)	HOW TO 救急法
21	(1990春)	どう受けとめる「子どもの権利条約」
22	(1990夏)	これでいいのか「性教育」
23	(1990秋)	これからどうする「学校健診」
24	(1991冬)	「アレルギー」について(品切れ)
25	(1991春)	「これからの養護教諭」 ── 職制50周年を迎えて
26	(1991夏)	「思春期」って?
27	(1991秋)	学校の中の「保健室」
28	(1992冬)	これからの「学校健診」
29	(1992春)	教研集会はいま
30	(1992夏)	うつる病気と法律
31	(1992秋)	環境問題ってなに?
32	(1993冬)	選別される子どもたち
33	(1993春)	学校でエイズをどう教えるか
34	(1993夏)	教職員間の連携をどうつくるか
35	(1993秋)	学校行事・部活動と子どものストレス
36	(1994冬)	性教育と養護教員
37	(1994春)	子どもの遊びは、いま
38	(1994夏)	養護教員の職務とは?
臨時増刊		教育実践集1
39	(1994秋)	どうしてますか?「救急処置」(品切れ)
40	(1995冬)	再考、学校での定期健康診断
41	(1995春)	「いじめ」にどう対応するか ── 保健室と「カウンセリング」
42	(1995夏)	養護教員と「保健主事」 何が変わったのか? 学校健診
臨時増刊		教育実践集2「保健室登校」
43	(1995秋)	子どもの心とからだ
臨時増刊		あぶない!「フッ素によるむし歯予防」Q&A
44	(1996冬)	ダイエット、拒食・過食症
45	(1996春)	アレルギーと子ども
46	(1996夏)	養護教員とチーム・ティーチング
47	(1996秋)	O-157と健康教育
臨時増刊		「こんなときどうする? 救急処置」
48	(1997冬)	養護教諭と学校医等の関係は
49	(1997春)	健康教育とは
50	(1997夏)	いまどきの親と子
51	(1997秋)	地域と子どもと学校と
52	(1998冬)	学校での「カウンセリング」を考える
臨時増刊		「たのしくつくる 保健だより」
53	(1998春)	何が変わる? どう変える?「養護教諭」
54	(1998夏)	子どもは変わったか
55	(1998秋)	養護教諭と授業
56	(1999冬)	環 境 教 育
57	(1999春)	「性」と「生」を考える
58	(1999夏)	心の相談活動
59	(1999秋)	養護教員と健康教育
60	(2000冬)	最新 環境問題読本
61	(2000春)	「心身症」とは何か
62	(2000夏)	睡眠を考える
63	(2000秋)	咀嚼と食を考える
64	(2001冬)	体を科学する
臨時増刊		「総合的な学習の時間」と健康教育
65	(2001春)	「ADHD」ってなあに?(品切)
66	(2001夏)	IT革命と子どものコミュニケーション
67	(2001秋)	子どもの流行と健康 第7回研究フォーラム報告
68	(2002冬)	LD、自閉、多動ってなあに?(品切)
69	(2002春)	職制60周年を経て ─これからの養護教諭
70	(2002夏)	「子ども暴力」を考える
71	(2002秋)	食の安全を考える
72	(2003冬)	「食」を考える 第8回研究フォーラム報告
臨時増刊		「健康教育」アラカルト(3月刊)